André Röthling

Islamistisch-terroristische Radikalisierungsprozesse

Die Bedeutung des Internets sowie anderer Einflussfaktoren

Bibliografische Information der Deutschen Nationalbibliothek:

Die Deutsche Nationalbibliothek verzeichnet diese Publikation in der Deutschen Nationalbibliografie; detaillierte bibliografische Daten sind im Internet über http://dnb.d-nb.de abrufbar.

Impressum:

Copyright © ScienceFactory 2018

Ein Imprint der Open Publishing GmbH, München

Druck und Bindung: Books on Demand GmbH, Norderstedt, Germany

Covergestaltung: Open Publishing GmbH

Inhaltsverzeichnis

Abkürzungsverzeichnis 4

Abbildungsverzeichnis 5

1 Einleitung 6

2 Einführung und Definitionen 7
    2.1 Die Relevanz des Themas und die Forschungsfrage 7
    2.2 Der Begriff des Radikalismus und der Radikalisierung 8
    2.3 Der Begriff des Extremismus 10
    2.4 Die Begriffe vom Islamismus bis islamistischen Terrorismus ... 10

3 Methodik 15
    3.1 Die qualitative Inhaltsanalyse und die Begründung der Theoriewahl ... 15
    3.2 Auswahl der Studien und Literatur 16
    3.3 Erhebungsinstrument 17

4 Datenauswertung und Beschreibung der Kategorien 18
    4.1 Internet 19
    4.2 Glaube 21
    4.3 Alter/Geschlecht 25
    4.4 Sozioökonomischer Status 28
    4.5 Soziale Beziehungen 31
    4.6 Psychologische Faktoren 37
    4.7 Zusammenfassung und Darstellung der Ergebnisse 41

5 Der virtuelle Dschihad - Die Bedeutung des Internets im Radikalisierungsprozess 45
    5.1 Das Angebot 46
    5.2 Nutzungsarten des Internets 52

6 Fazit 57

Literaturverzeichnis 60

Anhang 71

Abkürzungsverzeichnis

Abk.	Abkürzung
Engl.	Englisch
EU	Europäische Union
Etc.	et cetera (= usw.)
f.	folgend
ff.	fortfolgend
FTP	File Transfer Protocol
GIZ	Gemeinsames Internetzentrum
IED	improvised explosive device
IJU	Islamische Jihad Union
IRC	Internet Relay Chat
IS	Islamischer Staat
IT	Informationstechnik
o.J.	ohne Jahr(esangabe)
o.O.	ohne Ort(sangabe)
Opac	Online Public Access Catalogue
OSJ	Open Source Jihad
SES	Sozioökonomischer Status (SES; engl. socio-economic status)
s.o.	siehe oben
Vgl.	vergleiche
VS-NfD	Verschlusssache-Nur für den Dienstgebrauch
WM	Weltmeisterschaft
WWW	World Wide Web (wörtlich: weltweites Netz)

Abbildungsverzeichnis

Abbildung 1: Übersichtsgrafik der verschiedenen Strömungen und deren Verortung im Islam 12

Abbildung 2: Übersichtgrafik zur Differenzierung der Begriffe: Radikalismus, Extremismus, Terrorismus 14

Abbildung 3: Festgelegte Kategorien nach dem Modell von Mayring 18

1 Einleitung

In den vergangenen Jahren kam es in Deutschland zu aufsehenerregenden Anschlägen mit islamistischem Hintergrund, bei denen Menschen verletzt und getötet wurden. Das Ergebnis einer aktuellen Studie der R+V Versicherung zeigt, dass Verunsicherung und Angst vor Terror in der Gesellschaft herrschen. In der Umfrage geben 71 Prozent der Befragten an, dass ihre derzeit größte Sorge der Terrorismus ist. 62 Prozent der Deutschen fürchten sich vor politischem Extremismus und 61 Prozent sorgen sich um mögliche Spannungen durch den Zuzug von Migranten.[1] Im Jahre 2016 kamen in Europa 135 Menschen bei 13 dschihadistischen[2] Terroranschlägen ums Leben.[3] Diese Ereignisse rücken den Terrorismus in die Mitte der Gesellschaft, und der dschihadistische Terrorismus nimmt einen hohen Stellenwert in der Gesellschaft, Politik und bei den Sicherheitsbehörden ein. Daraus resultiert eine große Relevanz, diesen Bereich weiter zu erforschen. Um aus diesem Forschungsbereich Maßnahmen und Präventionsansätze ableiten zu können ist es notwendig, radikalisierungsfördernde Faktoren zu erkennen. Im Rahmen dieser Arbeit wird eine Einführung in das Themenfeld gegeben. Weiterhin werden Begriffe definiert um ein Gesamtverständnis für den Themenbereich zu erhalten. Unter Anwendung des Modells nach Mayring wird eine qualitative Inhaltsanalyse mit drei Literaturquellen durchgeführt. In Folge dieser Analyse werden Risikofaktoren im dschihadistischen Radikalisierungsprozess erarbeitet und bewertet.

Aus Gründen der leichteren Lesbarkeit wird in der vorliegenden Masterarbeit die gewohnte männliche Sprachform bei personenbezogenen Substantiven und Pronomen verwendet. Dies impliziert jedoch keine Benachteiligung des weiblichen Geschlechts, sondern soll im Sinne der sprachlichen Vereinfachung als geschlechtsneutral zu verstehen sein.

---

[1] Vgl. Suhr. https://de.statista.com/infografik/11013/die-aengste-der-deutschen-2017/. vom 08.09.2017.
[2] Es existiert mehrere Schreibweisen des Jihad. Eine weitere ist Dschihad. Letztere Variante wurde außerhalb von Zitaten stringent, auch in Abwandlungen des Wortes oder der Wortnutzung, in dieser Arbeit genutzt.
[3] Vgl. Europol 2017, S. 22. Übersetzung A.R.

2 Einführung und Definitionen

Das folgende Kapitel setzt sich mit den Begriffsbestimmungen und der Relevanz des Themenbereiches auseinander. Weiterhin wird die Forschungsfrage festgelegt. Die Begriffsdefinitionen in den Kapiteln 2.2 bis 2.4 helfen, ein Gesamtverständnis für die Thematik bzw. den Phänomenbereich zu entwickeln. Die Beschreibung der Religion des Islams und deren Historie sowie Aspekte der Entstehung des Islamismus werden im Rahmen dieser Arbeit nicht beleuchtet. Gleiches gilt für die grundsätzliche Entwicklung vom Islam über den Islamismus zum islamistischen Terrorismus.[4]

2.1 Die Relevanz des Themas und die Forschungsfrage

Ereignisse wie der Anschlag auf dem Weihnachtsmarkt in Berlin[5] (12 Tote), in Manchester auf einem Konzert[6] (23 Tote) oder der letzte terroristische Akt in New York[7] (8 Tote) machen deutlich, dass in der westlichen Welt der islamistische Terrorismus als zentrale sicherheitspolitische Bedrohung Einzug gehalten hat. Ableitend resultiert daraus in der medialen Berichterstattung, aber auch in der Politik, in der Gesellschaft und auf individueller Ebene ein Diskurs über die Bedrohung der internationalen Sicherheit.[8] Zudem wird gehäuft nach den durchgeführten Terroranschlägen in der Nachbetrachtung festgestellt, dass die Täter oft über diverse Plattformen im Internet radikalisiert wurden. Die Angst vor Terroranschlägen ist allgegenwärtig, es werden neue Sicherheitsstrategien von einzelnen Ländern oder von Verbünden aus Ländern entwickelt. Öffentliche Plätze und Großveranstaltungen werden verstärkt gemieden. Es gibt gehäuft öffentliche Diskussionen zur Überwachung im alltäglichen Leben. Die Unsicherheit nimmt zu. Der daraus resultierende Bedarf, den islamistischen Terrorismus zu erfassen und zu analysieren, ist groß. Dabei unterliegen letztlich alle Versuche, islamistische Milieus zu

---

[4] Weiterführende Literatur dazu u.a. Nischler. https://www.kriminalpolizei.de/ausgaben/2006/maerz/detailansicht-maerz/artikel/wie-kommt-es-vom-islamismus-zum-islamistischen-terrorismus.html. vom 31.03.2006.
[5] Vgl. Zeit Online. http://www.zeit.de/gesellschaft/zeitgeschehen/2016-12/berlin-breitscheidplatz-gedaechtniskirche-weihnachtsmarkt. vom 19.12.2016.
[6] Vgl. Zeit Online. http://www.zeit.de/gesellschaft/zeitgeschehen/2017-05/selbstmordattentat-manchester-terror-fragen-antworten-ueberblick. vom 23.05.2017.
[7] Vgl. Zeit Online. http://www.zeit.de/gesellschaft/zeitgeschehen/2017-11/manhattan-anschlag-new-york-kleinlaster-deutsche-verletzt. vom 01.11.2017.
[8] Vgl. Hegemann; Kahl 2018, S. 169 f.

beschreiben, einer Einschränkung: Sie beziehen sich immer auf einen sehr kleinen Personenkreis, der gewaltbereit ist, lassen aber die Mehrheit jener Personen außer Acht, auf die die beschriebenen Kriterien ebenso zutreffen, die sich aber nicht terroristisch betätigen. Dies gilt für Länder mit muslimischer Bevölkerungsmehrheit ebenso wie für Europa.[9] Um die Sicherheit wieder zu erhöhen oder das Sicherheitsgefühl zu steigern, müssen Ursachen, Einflussfaktoren sowie die Bedeutung des Internets analysiert werden, welche individuelle Radialisierungsprozesse und den Einstieg in radikale Milieus zulassen. Daraus können dann Handlungsempfehlungen oder Präventionsmaßnahmen abgeleitet werden.[10] Neben der Klärung von Grundbegriffen und der Phänomenbeschreibung des islamistischen Terrorismus wird in dieser Bachelorarbeit folgende Untersuchungsfrage bearbeitet:

Welche Bedeutung hat das Internet und welche anderen Risikofaktoren lassen sich in den islamistisch-terroristischen Radikalisierungsprozessen feststellen?

2.2 Der Begriff des Radikalismus und der Radikalisierung

Der Begriff Radikalismus ist abgeleitet von ‚radix', dem lateinischen Wort für ‚Wurzel'.[11]

Frindte definiert als radikal Personen oder Organisationen, die sich tiefgehende gesellschaftliche und politische Veränderungen wünschen, die jedoch das gegenwärtige politische und rechtliche System respektieren, in der Folge aber auch keine illegalen oder gewalttätigen Maßnahmen ergreifen oder gutheißen.[12]

Aus dem zuvor definierten Begriff des Radikalismus lässt sich der Begriff der Radikalisierung ableiten. Dieser ist ein ausgelöster Prozess, der im Wesentlichen durch Unbehagen mit dem existierenden gesellschaftlichen bzw. politischen System bei einem Individuum oder einer Gruppe darauf abzielt, dieses System zu ändern.[13]

Ein direkter Übergang von Radikalisierung zu (terroristischer) Gewaltanwendung ist nicht zwangsläufig gegeben. Schließlich wolle nicht jeder seine Radikalisierung

---

[9] Nischler. https://www.kriminalpolizei.de/ausgaben/2006/maerz/detailansicht-maerz/artikel/wie-kommt-es-vom-islamismus-zum-islamistischen-terrorismus.html. vom 31.03.2006.
[10] Vgl. Aslan, Akkilic; Hämmerle 2017, S. 17,249,266.
[11] Vgl. Frindte 2011, S. 28.
[12] Vgl. Frindte 2011, S. 30.
[13] Vgl. Aslan, Akkilic; Hämmerle 2017, S. 20.

durch Gewalttaten ausdrücken. Gleichzeitig erfordere eine Beteiligung an terroristischen Anstrengungen nicht zwingend ein radikales Weltbild – auch wenn dies häufig der Fall sei.[14]

Im Kontext einer islamistischen, salafistischen, dschihadistischen Radikalisierung ist festzuhalten, dass es zur Übernahme einer islamistischen Ideologie ohne die Anwendung von Gewalt oder herrschender Gewaltbereitschaft kommt. Die Erforschung von Radikalisierungsprozessen brachte in den letzten Jahrzehnten einige Erklärungsansätze hervor und erlebte Wechsel der wissenschaftlichen Ansichten, von eindimensionalen psycho-pathologischen Theorien hin zu dynamischen Betrachtungsweisen. Die psycho-pathologischen Theorien gingen dabei von Kausalzusammenhängen zwischen Person und Umfeld aus.[15]

Die neuere Forschung geht vom Rational-Choice-Ansatz aus, welcher jedem Individuum zu jeder Zeit die Fähigkeit zuspricht, bewusste Entscheidungen zu treffen und selbstbestimmt zu handeln. Sich radikalisierende Personen werden dabei nicht als ‚Opfer ihrer Psyche' angesehen, vielmehr erschließt sich der Prozess der Radikalisierung unter Betrachtung der psychosozialen, gesellschaftlichen und gruppendynamischen Entwicklungen.[16] Auf die Prozesshaftigkeit der Radikalisierung weisen auch andere Veröffentlichungen hin, so etwa Silber und Bhatt (2007) in ihrem für das New Yorker Police Department (NYPD) entwickelten mehrstufigen Modell.[17] Weitere Radikalisierungsmodelle sind die von Sagemann (2007), Precht (2007) und Wiktorowicz (2003).

---

[14] Vgl. Horgan; Braddock 2010, S. 279. Übersetzung A.R.
[15] Vgl. Lützinger; BKA (Hrsg.) 2010, S. 4 f.
[16] Vgl. Ebd. S.4 f.
[17] Vgl. Aslan, Akkilic; Hämmerle 2017, S. 33.

2.3 Der Begriff des Extremismus

Die Begrifflichkeit des Extremismus bezeichnet Gruppierungen, die sich außerhalb (aus dem Lateinischen ‚extremus'= ganz außen, das Äußerste) der gesellschaftlichen Grundordnung bewegen und diese bedrohen.[18]

Innerhalb dieser Arbeit wird der Begriff ‚Extremismus' nur auf diejenigen Personen und Organisationen angewandt, welche aktiv Maßnahmen gegen die freiheitlich demokratische Grundordnung richten oder die ein solches Vorgehen begrüßen oder unterstützen.[19]

Die zuvor beschriebene Begrifflichkeit des Extremismus wird durch Lützinger noch ergänzt, in dem sie eine klare Trennung zum Terrorismus vornimmt.

> „Im Gegensatz zu den Terroristen, (…) [ist hier keine] nachhaltige oder arbeitsteilige Struktur eingebunden (…). Versuche zur Organisierung oder Kontakte zu organisierten Strukturen können jedoch vorhanden sein."[20]

Im Rahmen dieser Arbeit wird nicht auf weitere Personenbereiche wie militante Radikale oder extremismusnahe Personen eingegangen.[21]

2.4 Die Begriffe vom Islamismus bis islamistischen Terrorismus

Im Mittelpunkt dieses Unterkapitels stehen die Begriffe des Islamismus, des Salafismus, des Dschihadismus und des islamistischen Terrorismus.

2.4.1 Der Islamismus

Eine Auffassung nach Wentker beschreibt den Islamismus als eine fundamentalistische Strömung des Islam, dessen Zielsetzung in der Erschaffung eines islamischen Gesellschaftssystems liegt. Die Sub-Strömungen Salafismus und Dschihadismus sind ebenfalls aus der islamistischen Ideologie entstanden. In dieser beziehen sich alle Werte, Normen und das geltende Recht ausschließlich auf die Worte des Propheten Mohammed und leiten sich aus dem Koran ab. Eine Rückbesinnung auf die Lehren des Korans stellt für Islamisten somit eine umfassende Lösung dar. Diese Ansicht wird für die Islamisten davon verstärkt, da es aktuell in vielen

---

[18] Vgl. Frindte 2011, S. 28.
[19] Vgl. Ebd. S.30.
[20] Lützinger; BKA (Hrsg.) 2010, S. 14.
[21] Weiterführende Literatur dazu u.a. Lützinger; BKA (Hrsg.) 2010

islamisch geprägten Ländern politisch prekäre Lagen gibt. Der Grund hierfür soll nach Ansicht derer auf die Abkehr des Islams zurückzuführen sein.[22]

2.4.2 Der Salafismus

Der Salafismus (aus dem Arabischen von al Salaf al Salih, ‚die Altvorderen'), ist die derzeit am weitesten verbreitete und radikalste Strömung des Islamismus. Ziel der Salafisten ist es, die Gesellschaft zum wahren Islam der ersten drei Generationen der Muslime zurückzuführen. Sie lehnen es ab, die Aussagen des Islam fortzuentwickeln und den zeitlichen Umständen anzupassen.[23]

Das Bundesministerium des Inneren definiert den Salafismus wie folgt:

„Der Salafismus ist eine fundamentalistische, islamistische Ideologie und zugleich eine extremistische, moderne Gegenkultur mit einem alternativen Lebensstil durch markante Alleinstellungsmerkmale (Kleidung und Sprache)." [24]

Der Salafismus ist eine seit mehreren Jahren stark an Bedeutung gewinnende Strömung im Islamismus. Salafisten geben vor, sich in ihrem Denken und Handeln ausschließlich an einem wortgetreuen Verständnis von Koran und Sunna sowie am Vorbild der Gefährten des Propheten zu orientieren. Salafisten vertreten einen Exklusivitätsanspruch, sie sehen sich als die einzigen ‚wahren' Muslime.[25] Der Salafismus stellt per se keine gewaltbereite Strömung dar, dennoch werden die religiösen und politischen Ziele in unterschiedlichen Ausrichtungen, wie dem dschihadistischen Salafismus, unter Gewaltanwendung durchgesetzt.[26]

2.4.3 Der Dschihadismus

Eine Ansicht zu dem Begriff des Dschihadismus[27] bedeutet, die Anstrengungen der Gläubigen, Gottes Wohlgefallen zu erlangen und das Wohl der Mitmenschen zu begünstigen. Häufig wird der Begriff aber irrtümlich mit ‚Heiliger Krieg' übersetzt.

---

[22] Vgl. Wentker 2008, S. 37.
[23] Vgl. Abou Taam 2014, S. 442.
[24] Bundesministerium des Inneren (Hrsg.) 2017, S. 179.
[25] Vgl. Ebd. S. 154-155.
[26] Vgl. Abou Taam 2014, S. 442 f.
[27] Von Jihad/Dschihad, heißt u.a. wörtlich übersetzt „sich abmühen". Vgl. Islam-Info. http://www.islam-info.ch/de/Dschihad.htm. vom 24.03.2017.

Dschihadisten vertreten eine Gewaltideologie, die sich gegen all jene richtet, die ihre fundamentalistischen Ansichten nicht vertreten.[28]

Die Anstrengung des Gläubigen soll dazu führen, sich selbst zu verbessern und Gutes für die Gesellschaft zu tun.[29] Durch eine fundamentalistische Auslegung des Korans wird jedoch Gewalt legitimiert. Eine beispielhafte Sure[30], welche Interpretationsspielraum zulässt, ist:

> „Und wenn die heiligen Monate abgelaufen sind, dann tötet die Götzendiener, wo immer ihr sie findet, und ergreift sie und belagert sie und lauert ihnen aus jedem Hinterhalt auf (…)".[31]

Der Begriff des ‚Dschihadismus' wird in dieser Arbeit trotz der Unzulänglichkeiten, was die reine Übersetzung, Deutung und Interpretation betrifft, verwendet. Zum einen zeigt er besser als andere Begriffe einen Unterschied zwischen dem Islam im Allgemeinen und der dschihadistischen Bewegung im Speziellen. Zum anderen hat der Begriff in den Medien und der Literatur breite Verwendung gefunden, wenn auch die Definition oft unklar erscheint.

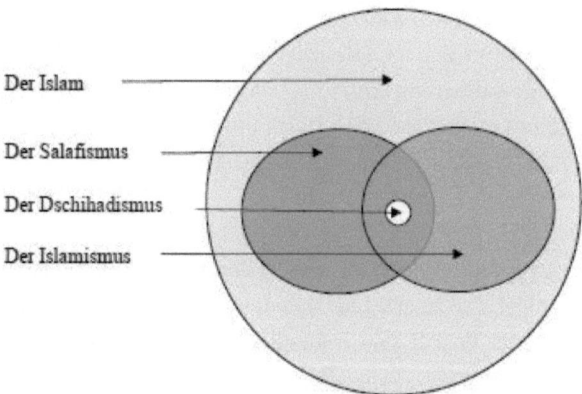

Abbildung 1: Übersichtsgrafik der verschiedenen Strömungen und deren Verortung im Islam

---

[28] Vgl. Politik-Lexikon. http://www.politik-lexikon.at/print/dschihadismus/. vom o.J..
[29] Vgl. Islam-Info. http://www.islam-info.ch/de/Dschihad.htm. vom 24.03.2017.
[30] ein Kapitel des Korans. Vgl. Duden. https://www.duden.de/rechtschreibung/Sure. vom 10.06.2016.
[31] Nagie (Hrsg.) 2012, S. 139.

Das Schaubild zeigt überblicksweise die verschiedenen Strömungen und deren Verortung im Islam. Die Größenverhältnisse haben keine qualitative und quantitative Bedeutung.

2.4.4 Der islamistische Terrorismus

Nach Goertz wendet der islamistische Terrorismus aufsehenerregende Gewalt gegen die Zivilbevölkerung und staatliche Institutionen an, um Angst und Schrecken zu verbreiten und dadurch politische Entscheidungen von Staaten zu beeinflussen. Die Ziele des islamistischen Terrorismus basieren auf einer extremistischen Interpretation der Religion Islam und ihrer Rechtsquellen.[32]

In der internationalen und sicherheitspolitischen Forschung hat sich weitgehend die Auffassung durchgesetzt, dass der Terrorismus als eine Strategie verstanden werden muss, die von unterschiedlichen Akteuren in sehr unterschiedlichen politischen Situationen angewendet wird.[33]

Eine empirische Analyse des IS zeigt, dass der IS den Terrorismus als eine taktische Methode bzw. als taktisches Mittel nutzt. Es ist für den IS ein Mittel in Form eines kommunikativen Aktes zur Erreichung religiös-politischer Ziele.[34] Zur visuellen Darstellung von Unterscheidungsmerkmalen von Radikalismus, Extremismus und Terrorismus verweise ich auf nachfolgende Abbildung.

---

[32] Vgl. Goertz 2017, S. 29.
[33] Vgl. Tilly 2004.Übersetzung A.R.
[34] Vgl. Goertz 2017, S. 28.
Weiterführende Literatur sind u.a.: „Der neue Terrorismus-neue Akteure, neue Strategien, neue Taktiken und neue Mittel, Lübeck 2018, Springer Fachmedien"

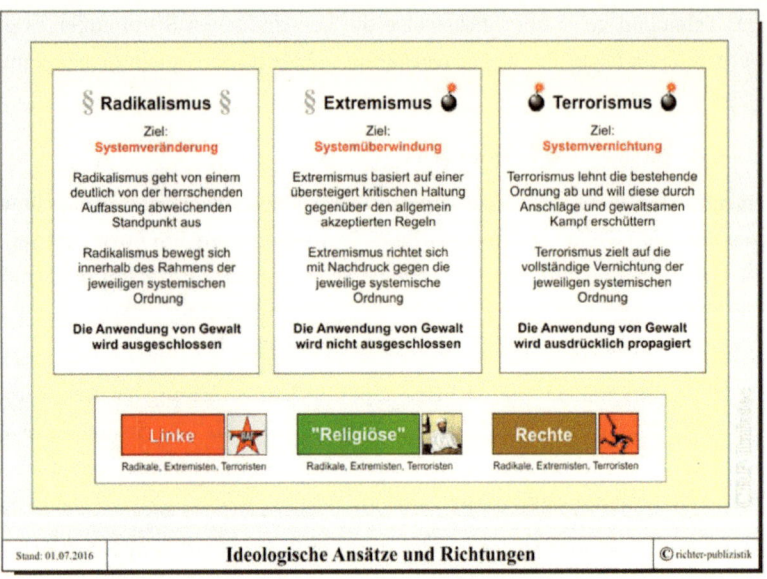

Abbildung 2: Übersichtgrafik zur Differenzierung der Begriffe: Radikalismus, Extremismus, Terrorismus[35]

---

[35] Richter. https://crp-infotec.de/ideologie-radikalismus-extremismus-terrorismus/. vom 23.07.2016.

3 Methodik

Aus methodischer Sicht ist die Befundlage im deutschsprachigen Raum wenig aussagekräftig. Es existieren kaum Studien und Literatur, die sich quantitativer Methoden (u.a. Brettfeld/Wetzels 2007, Frindte 2011) bedienen. Bei den Veröffentlichungen von Ministerien und Sicherheitsbehörden (u.a. Bundesamt für Verfassungsschutz 2017) bleibt offen, woher die empirischen Daten stammen.[36]

Die Forschung im internationalen Kontext umfasst Publikationen aus dem Bereich der Terrorismusforschung oder welche, die in Reaktion auf islamistische Terroranschläge seit dem 11. September 2001 entstanden sind. Die deutsche Forschungslandschaft kann nicht losgelöst von der internationalen Forschung betrachtet werden. Jedoch ist festzustellen, dass der Fokus auf den Terrorismus in Deutschland zeitversetzt und nicht derart ausgeprägt auftrat.[37] Zudem sind bestimmte Datensätze nicht verfügbar, da diese dem VS-NfD-Status unterliegen.

3.1 Die qualitative Inhaltsanalyse und die Begründung der Theoriewahl

Seit den Terroranschlägen in Ansbach[38], Würzburg[39] oder auf den Berliner Weihnachtsmarkt[40] ist der islamistische Terror auch in Deutschland zum Thema geworden. Die vorhandene empirische Datenlage für den deutschsprachigen Raum ist jedoch nicht äußerst aussagekräftig. Um die Faktoren näher zu beleuchten, die eine Radikalisierung beeinflussen können, werden im Rahmen der vorliegenden Arbeit relevante Studien gescreent und einer qualitativen Inhaltsanalyse unterzogen.

Trotz einer Zunahme an wissenschaftlicher Literatur, in der Hintergründe und Bedingungen erfasst werden, die für eine Hinwendung zum gewaltorientierten Islamismus ausschlaggebend sein können, bleibt die empirische Datenlage dürftig. Die Gründe hierfür finden sich vor allem in der Schwierigkeit der Datenbeschaffung. Der Zugang zu den sich radikalisierenden Menschen gestaltet sich schwierig,

---

[36] Vgl. Herding (Hrsg.) 2013, S. 21 ff.
[37] Vgl. Ebd.
[38] Vgl. Zeit Online. http://www.zeit.de/gesellschaft/zeitgeschehen/2016-07/ansbach-explosion-sprengstoff. vom 25.07.2016.
[39] Vgl. Zeit Online. http://www.zeit.de/politik/ausland/2016-07/terrorismus-einsamer-wolf-anschlaege/seite-3. vom 18.07.2016.
[40] Vgl. Zeit Online. http://www.zeit.de/gesellschaft/zeitgeschehen/2016-12/berlin-breitscheidplatz-gedaechtniskirche-weihnachtsmarkt. vom 19.12.2016.

demzufolge lassen sich die Motive und Hintergründe, die zu einer Radikalisierung führen, nur schwer beleuchten. Erhobene Daten stammen zumeist aus Gerichtsakten, rückblickender Biographiearbeit oder Experteninterviews.[41]

Die qualitative Inhaltsanalyse der untersuchten Literatur wurde unter Zuhilfenahme des Modells nach Mayring realisiert.

Das Konzept der qualitativen Inhaltsanalyse nach Mayring besteht darin, „Texte systematisch [zu] analysieren, indem sie das Material schrittweise mit theoriegeleitet am Material entwickelten Kategoriensystemen bearbeitet".[42] Dabei wird eine Textzusammenfassung, die den im Text enthaltenen Sinn in sogenannten Kategorien darstellt, realisiert. Die Kategorien ihrerseits sind in einem System organisiert. Das Kategoriensystem mit Kategorien und Unterkategorien stellt den im ausgewerteten Texten enthaltenen latenten Sinn dar. Es dient als Ansatzpunkt für die Interpretation eines Textes und ist der Knotenpunkt der Analyse.[43]

Zur methodischen Situation stellt auch Mina Al-Lami fest, dass die internationale Forschung aufgrund der schwierigen Erhebungssituation nur in Ausnahmefällen empirisch-qualitativ untersucht. Ein Grund hierfür ist, dass Daten von Nachrichtendiensten nicht offengelegt werden.[44]

3.2 Auswahl der Studien und Literatur

Im Fokus der Literaturrecherche standen Fachliteratur sowie Fachtexte in Papier- oder digitalem Format, die sich mit politisch motivierter Gewalt bzw. dessen Entstehung im islamistischen Kontext befassen. Diese Gesamtstudien oder mehrere Einzelbiographien beleuchtet und diese ausgewertet. Es wurden für die Literatursuche Recherchesysteme im Internet wie Google Scholar oder dem OPAC der

---

[41] Vgl. Herding, Langner; Glaser. http://www.bpb.de/politik/extremismus/radikalisierungspraevention/212082/faktoren-fuer-die-hinwendung-zum-gewaltorientierten-islamismus. vom 15.09.2015.
[42] Mayring 2002, S. 114.
[43] Vgl. Ebd.
[44] Vgl. Al-Lami. https://static1.squarespace.com/static/566d81c8d82d5ed309b2e935/t/567ab488b204d5 8613bf92aa/1450882184032/Studies_of_Radicalisation_State_of_the_F.pdf. vom 31.01.2009.Übersetzung A.R.

Bibliothek Erfurt, Jena und der Deutschen Hochschule der Polizei genutzt. Weiterhin wurde das polizeiinterne System Extrapol[45] verwendet.

Es wurde sowohl deutsche als auch englische Literatur geprüft und in der Folge die gescreente Literatur auf die nachfolgenden Gesichtspunkte selektiert.

Die zu untersuchende Literatur durfte nicht älter als zehn Jahre sein. Weiterhin musste innerhalb der Quellen ein inhaltlicher Kontext zu Schlagworten wie Glaube, Moschee, soziale Beziehungen, Alter, Geschlecht, Internet, Identitätskrise, Prediger, Freunde, Familie sowie Bildung bestehen.

3.3 Erhebungsinstrument

Zur Entwicklung der Kategorien nach Mayring wurde zunächst eine umfassende, das Phänomenfeld betreffende Literatursichtung vorgenommen, um Risikofaktoren zusammenzutragen und abzubilden. Bei der Entwicklung des Erhebungsinstruments handelte es sich weiterhin um einen offenen Prozess, das heißt, dass im Laufe der Untersuchung weitere Items/Faktoren ergänzt und adaptiert wurden, um so eine möglichst umfassende Darstellung möglicher Einflussfaktoren zu gewährleisten.

Um dem Phänomen in seinem Facettenreichtum gerecht zu werden und möglichst alle phänomenrelevanten Einflüsse zu erfassen, erfolgte eine Kategorisierung gestützt auf das Modell nach Mayring vgl. Kapitel 3.1.

---

[45] Extrapol ist eine polizeilich-interne Kommunikationsplattform Vgl. Wikipedia. https://de.wikipedia.org/wiki/Extrapol. vom 26.01.2017.

4 Datenauswertung und Beschreibung der Kategorien

Während der Literaturrecherche wurden drei Quellen eruiert, in der alle gewählten Schlagwörter wiederzufinden waren. Mit diesen wiederum wurde eine qualitative Inhaltsanalyse durchgeführt. Bei den drei Quellen handelt es sich um:

1. Islamitsischer Terrorismus. Analyse-Definition-Taktik; Goertz 2017
2. Radikalisierung; Khosrokhavar 2016
3. Radikaler Islam im Jugendalter- Erscheinungsformen, Ursachen und Kontexte; Herding (Hrsg.) 2013.

Nach der Kategorienbildung wurden die gebildeten Kategorien zueinander in Beziehung gesetzt und die Zusammenhänge näher beleuchtet. Es wurden nach dem Modell von Mayring in Verbindung mit der recherchierten Literatur folgende Kategorien schematisch-visuell festgelegt.

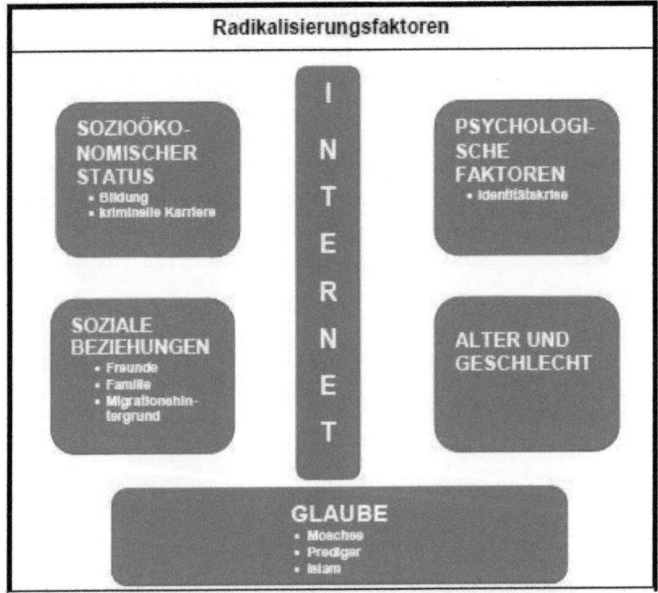

Abbildung 3: Festgelegte Kategorien nach dem Modell von Mayring

Im Folgenden werden die gebildeten Kategorien beschrieben.

4.1 Internet

Die Aussagen der ausgewählten Quellen zur Datenauswertung, die dieser Kategorie zugeordnet wurden, beinhalten Auffassungen der Autoren zum Internet als Bestandteil der Radikalisierung. Detaillierte Beschreibungen zum Internet und dem ‚virtuellen Dschihad' werden im Kapitel 5 dargestellt. Im Folgenden werden der Begriff des Internets definiert und im Anschluss die Meinungen der Autoren vorgestellt.

Das Internet ist ein globales, heterogenes Computernetzwerk. Über das Internet werden zahlreiche Dienste wie z.B. E-Mail, FTP[46], WWW[47] oder IRC[48] angeboten.[49] Dies sind Anwendungsmöglichkeiten, die einen Austausch von Informationen, das Übermitteln von Film oder Bilddateien ermöglichen. Die virtuelle Rekrutierung und Radikalisierung reicht von einer Teilhabe an salafistischen Aktionen oder Demonstrationen[50] bis hin zu offenen Aufrufen zum aktiven, militanten Dschihad.[51] Es werden soziale Netzwerke wie Facebook, Twitter, Youtube oder Instagram aber auch Websites genutzt. Zudem wird das Internet als Kommunikationsmittel verwendet, um propagandistische, radikalisierende Inhalte zielgruppengerecht und multilingual als Audio-, Video- oder Textbotschaften zu verbreiten.[52] Weitere Nutzungsmöglichkeiten sind elektronische Angriffe gegen staatliche Internetseiten und Computernetzwerke. Der IS verbreitete den Aufbau einer ‚Cyber-Armee' und rekrutieren dazu Personen mit IT-Fähigkeiten. Kurz nach den islamistischen

---

[46] Abk. für File Transfer Protocol; Internetprotokoll, das die Übertragung (Download und Upload) von Dateien zwischen Rechnern ermöglicht. Gabler Wirtschaftslexikon. http://wirtschaftslexikon.gabler.de/Archiv/54828/ftp-v10.html. vom o.J.

[47] Abk. für Multimedialer Dienst des Internets, der auf der Verlinkung von HTML-Seiten (HTML) basiert und die Darstellung von Text-, Bild-, Ton- und Videodateien mithilfe eines Browsers ermöglicht. Gabler Wirtschaftslexikon. http://wirtschaftslexikon.gabler.de/Archiv/74922/world-wide-web-www-v14.html. vom o.J.

[48] Abk. für ein textbasiertes Chat-System, mit dem Chats nahezu in Echtzeit durchgeführt werden können. SEO-United. https://www.seo-united.de/glossar/irc/. vom o.J.

[49] Vgl. Gabler Wirtschaftslexikon. http://wirtschaftslexikon.gabler.de/Archiv/9169/internet-v16.html. vom o.J.

[50] Z.B. eine Demonstration mit 200 radikalislamischen Salafisten in Bonn aus dem Jahre 2012. Vgl. Süddeutsche Zeitung. http://www.sueddeutsche.de/politik/eskalation-zwischen-salafisten-und-rechten-pro-nrw-aktivisten-eine-explosion-der-gewalt-die-wir-lange-nicht-erlebt-haben-1.1349490. vom 06.05.2012.

[51] Vgl. Goertz; Maninger 2016, S. 29-42.

[52] Vgl. Goertz 2017, S. 65.

Terroranschlägen in Paris auf Charlie Hebdo im Januar 2015[53] identifizierten Cyber-Spezialisten französischer Sicherheitsbehörden mindestens 19 000 Hacker-Attacken aus dem islamistischen Spektrum.[54]

Goertz beschreibt das Internet als einen Risikofaktor innerhalb der Radikalisierung. Nach seinen Ausführungen ist die virtuelle Missionierung und Rekrutierung ein entscheidender Aspekt innerhalb der Radikalisierung. Weiterhin nennt er Nutzungsmöglichkeiten, um Missionierungen, Motivation und Rekrutierung zu realisieren.

> „Virtueller Dawa[55] ist ein vitaler Faktor für eine (…) Radikalisierung und (…) Motivation. (…) Ideologen und Führungspersonen nutzen Audio-, Video- und Textbotschaften (…)"[56]

Khosrokhavar stellt das Internet als Medium und Instrument zur Beeinflussung von Menschen dar. Die Beeinflussungs kann dabei vielfältig sein.

> „Das Internet spielt eine Rolle sowohl als Instrument (…) sozialen Handelns wie auch als Medium der Wandlung von Verhaltens-, Sicht- und Handlungsweisen."[57]

Nach Ansicht der Autoren von Wensierski/Lübcke in Herdings ‚Radikaler Islam im Jugendalter' ist das soziale Netzwerk des Internets ein starkes Wirkmittel für die Rekrutierung junger Menschen.

> „[In] sozialen Netzwerken des Internets [wird] stark auf die Rekrutierung neuer Anhängerinnen und Anhänger unter Jugendlichen und jungen Erwachsenen [eingewirkt]."[58]

Die drei ausgewählten Quellen (Kapitel 3.2 Goertz, Khosrokhavar und von Wensierski/Lübcke in Herding) schreiben dem Internet eine tragende Rolle zu, sowohl als Kommunikations-, Rekrutierungs- und Informationsmedium. Es ist dazu

---

[53] Vgl. Zeit Online. http://www.zeit.de/feature/attentat-charlie-hebdo-rekonstruktion. vom 11.05.2015.
[54] Vgl. Griffin. http://www.independent.co.uk/life-style/gadgets-and-tech/news/charlie-hebdo-france-hit-by-19000-cyberattacks-since-paris-shootings-in-unprecedented-hacking-9980634.html. vom 15.01.2015.Übersetzung A.R.
[55] Auch Da'wa (arabisch) bedeutet Missionierung und Rekrutierung neuer Anhänger durch Propagandaaktivität. Vgl. Goertz 2017, S. 23.
[56] Goertz 2017, S. 82.
[57] Khosrokhavar 2016, S. 97.
[58] von Wensierski; Lübcke 2013, S. 70.

geeignet, Verhaltens- und Sichtweisen zu beeinflussen. Aus allen drei behandelten Texten wird ersichtlich, dass die Autoren das Internet als beachtenswerten Faktor innerhalb des Radikalisierungsprozesses bewerten. Von Wensierski/Lübcke schreiben dem Internet einen ‚starken' Einfluss zu. Insbesondere, behaupten die Autoren, sei bei jungen Menschen die Beeinflussung durch oder über das Internet sehr hoch und nimmt daher eine besondere Bedeutung ein.

4.2 Glaube

Die zur Datenauswertung herangezogenen Schlagworte, die dieser Kategorie zugeordnet wurden, beinhalten Auffassungen der Autoren zum Glauben, dem Islam, Moscheen oder Predigern. Im Folgenden werden diese Begriffe definiert und im Anschluss die Standpunkte der Autoren vorgestellt.

Solange es Menschen gibt, gibt es auch den Glauben an eine höhere Macht, an einen Gott oder etwas Heiliges, das über allem anderen steht und sowohl der Welt als auch dem Leben einen Sinn gibt. Zu Beginn der Menschheitsgeschichte verehrten die Menschen viele verschiedene Götter, vor etwa 3500 Jahren begannen die Juden als Erste an einen einzigen Gott zu glauben. Heute gibt es auf der Welt fünf große Religionen, zu denen sich die meisten Menschen bekennen: das Judentum, das Christentum, der Islam, der Hinduismus und der Buddhismus.[59]

Im Rahmen dieser Arbeit meint die Kategorie ‚Glaube' ausschließlich den Begriff des Glaubens in Bezug auf den Islam betrachtet (Vgl. Abbildung 2). Zudem werden die Begrifflichkeiten wie Moscheen oder Prediger innerhalb dieser Ausführungen im Kontext des Islam kurz beleuchtet. Die Moschee ist das Gebetshaus der Muslime und gleichzeitig ein Treffpunkt zum Lernen, Diskutieren und Unterhalten. Auf Arabisch heißt die Moschee ‚Masgid'. Dies bedeutet „Ort der Niederwerfung".[60] Als Prediger werden Personen beschrieben, die Glaubenswahrheiten verbreiten, meist handelt es sich dabei um Geistliche.[61]

Goertz beschreibt in seinen Ausführungen, dass „entscheidende Radikalisierungsfaktoren: Religion, (...) Islamismus, Salafismus Ideologie, (...) Jihadismus"[62] sind. Er

---

[59] Vgl. Wissen.de. http://www.wissen.de/glaube-und-religionen. vom o.J.
[60] Vgl. Religionen-Entdecken.de. https://www.religionen-entdecken.de/lexikon/m/moschee. vom o.J.
[61] Vgl. Wortbedeutung.info. http://www.wortbedeutung.info/Prediger/. vom o.J.
[62] Goertz 2017, S. 49.

beschreibt, dass die Religion im Allgemeinen die Fähigkeit besitzt, ihre Anhänger in der Gewaltausübung zu beeinflussen. Das liegt daran, dass die Geschichte der großen Religionen kriegerisch und gewaltsam gestaltet ist. In besonderen Krisen kann dabei auf die Ursprünge der Religion zurückgegriffen werden. Dabei können gewaltsame Impulse als Resultat entstehen.[63]

> „(...) Religion hat die Fähigkeit, äußerste Verpflichtungen bei ihren Anhängern hervorzurufen, kann Gewalt (...) kontrollieren und kanalisieren und hat dadurch eine (...) Gewaltkontrolle, wie sie sonst nur vom modernen Staat [als] Gewaltmonopol wahrgenommen wird"[64]

Goertz stützt sich zudem auf Studien zu britischen Homegrown-Dschihadisten[65].[66] Er kommt zu dem Schluss, dass Prediger einen vitalen Einfluss auf junge Menschen und in der Folge Einflüsse auf die Tätigkeit von Behörden und Wissenschaft haben.[67] Religionen bilden „Identität und Legitimität (,ich tue das Richtige')"[68] aus, sowohl in Individuen als auch in Gruppen.

> „80 % der untersuchten (...) Islamisten von (...) charismatischen ‚Predigern' sowie deren Netzwerken (...) radikalisiert wurden. Diese Feststellung [hat] erheblichen Einfluss auf die Ausrichtung der Analyse von Radikalisierungsprozessen (...) sowohl für die Sicherheitsbehörden als auch für die Wissenschaft."[69]

Moscheen sind dabei die Örtlichkeit, an der eine Beeinflussung von Anhängern umgesetzt wird. Diese Ansicht stützt Goertz auf einen ZDF-Bericht.[70] „(...) Imame [werben] in (...) Moscheen für einen radikalen Islam (...)."[71]

Die Autorenmeinung von Khosrokhavar besagt, dass

---

[63] Vgl. Goertz 2017, S. 48.
[64] Ebd. S. 48.
[65] Homegrown bedeutet ab der der zweiten Einwanderergeneration, in europäischen Ländern geboren und/oder aufgewachsen. Es besteht aufgrund religiöser, kultureller etc. Faktoren eine Ablehnung des westlichen Verfassungssystems. Vgl. Ebd. S.29.
[66] Vgl. Ebd. S. 58 f.
[67] Vgl. Ebd.
[68] Vgl. Ebd. S.49.
[69] Ebd. S. 58 f.
[70] Vgl. Youtbube. https://www.youtube.com/watch?v=OkbmByiWM9E. vom 02.02.2017.
[71] Goertz 2017, S. 59.

„der dschihadistische Islam[72] (...) die einzige große religiöse Bewegung, die sich der heiligen Gewalt (...) verschrieben hat."[73]

Weiterhin geht er davon aus, dass nur ein geringer Teil der Anhängerschaft des Dschihadismus Gewalt ausübt. Jedoch eine Zuwendung zu radikalen Sichtweisen besteht.

„Der Unterschied zwischen dem Islam und anderen (...) Religionen besteht derzeit darin, dass [die] Intoleranz (...) des Dschihadismus in Gewalt umschlagen kann. Zu diesem Umschlag kommt es nur sehr selten, aber einige Anhänger (...) haben sich (...) dem islamistischen Radikalismus angeschlossen."[74]

Khosrokhavar stellt in seinem Buch an Beispielen ‚symptomatische' Faktoren dar. Die Kategorie des Glaubens steht im Zusammenhang mit der Ausübung von Gewalt oder der Legitimation derer (vgl. Kapitel 2.2, 2.3, 2.4). Dabei wird u.a. dargestellt wie islamistische Prediger über ‚islamischer Gerechtigkeit' sinnieren, aber auch zu Mord an Nichtmuslimen aufrufen.[75] Explizit beschreibt er von einem Menschen die Beeinflussung durch einen Prediger in einer Moschee.

„[Er] wird beeinflusst von den Predigten (...) des Imams der Moschee.(...) Er knüpft Beziehungen zu radikalen Islamisten."[76]

Von Wensierski/Lübcke in Herdings „Radikaler Islam im Jugendalter" behaupten in ihren Ausführungen, welche sich auf mehrere Studien[77] stützt, dass der Glaube bzw. die Religion ein Faktor in der Radikalisierung ist, insbesondere bei jungen Konvertiten und ‚religiösen Neulingen', da sie anfällig für radikale Interpretationen sind. Prediger sind dabei oft Rekruteure dieser jungen Menschen.[78]

„Die meisten Jugendlichen und jungen Menschen seien „religiöse Neulinge" (...) oder konvertiert, die theologisch nicht versiert seien. Das mache sie besonders anfällig für

---

[72] Vgl. Abb. 1.
[73] Khosrokhavar 2016, S. 175 f.
[74] Ebd. S.178.
[75] Ebd. S.127.
[76] Ebd. S.127.
[77] Die Studien wurden erstellt von Wiktorowicz 2005, S. 127; Al-Lami 2009, S. 3
[78] Vgl. von Wensierski; Lübcke 2013, S. 69.

radikale Auslegungen in Texten und Predigten, da sie nicht in der Lage seien, unterschiedliche Versionen des Islam gegeneinander abzuwägen"[79]

„In Deutschland sind es vor allem die jungen, deutschsprachigen Prediger der (...), die als ‚Shootingstars' der Szene in den letzten Jahren viele Jugendliche rekrutieren konnten."[80]

Als Teil des Soziallebens werden gemeinsame Moscheebesuche in Herding durch die Autoren Schiefer, Möllering, Geschke genannt.[81] Herding schreibt, verweisend auf Lützinger (2010, S. 201-212):

„Die ersten Kontakte zu islamistischen Kreisen ließen sich in den meisten Fällen rekonstruieren, waren aber recht unterschiedlich und umfassten jeweils Freunde, Mitschüler, Moscheegemeinden, Eltern oder Chatrooms."[82]

Goertz leitet aus einer Studie ab, dass 80% durch Prediger rekrutiert werden. Religion hat die Fähigkeit, äußerste Verpflichtungen bei ihren Anhängern hervorzurufen. Imame werben u.a. in Moscheen.

Khosrokhavar beschreibt den dschihadistischen Islam als einzige religiöse Bewegung, welche sich der Gewaltausübung verschrieben hat. Jedoch ist es nur ein geringer Teil der Anhängerschaft, der Gewalt ausübt. Eine radikale Glaubensausübung dagegen ist gehäufter festzustellen. Die Moschee wird von Predigern und Imamen genutzt, um Zuhörer zu beeinflussen, dabei spielen soziale Beziehungen eine Rolle.

Die Ausführungen in der Literaturquelle von Herding weisen jungen Menschen oder Jugendlichen eine erhöhte Radikalisierungsgefahr zu, insbesondere, wenn sie Konvertiten o.ä. sind, da kein basales Wissen zu der Religion besteht. Prediger werden auch hier als Rekruteure genannt. Moscheen können zu Erstkontakten mit islamischen Kreisen führen.

Im Rahmen der qualitativen Inhaltsanalyse (vgl. Kapitel 3) wurde in diesem Unterkapitel die Kategorie des Glaubens dargestellt. Dabei wurde insbesondere der Islam als Religion auf das Thema bezogen beleuchtet. Es wurde festgestellt, dass dies ein vitaler Faktor im Radikalisierungsprozess ist. Der Glaube im Kontext mit einer

---

[79] Herding (Hrsg.) 2013, S. 27.
[80] von Wensierski; Lübcke 2013, S. 69.
[81] Vgl. Schiefer, Möllering; Geschke 2013, S. 135.
[82] Herding (Hrsg.) 2013, S. 25.

Religion kann zu Gewaltbereitschaft oder Gewaltausübung führen. Prediger/Imame üben Einfluss als Medium aus, welches über die Religion bzw. deren Auslegung Informationen kundtut, propagiert oder interpretiert. Die Moschee wird dabei als Örtlichkeit genutzt.

4.3 Alter/Geschlecht

Das Alter meint das Resultat des Altwerdens des Menschen im Zeitverlauf. Bezogen auf den Menschen spricht man vom biographischen oder kalendarischen (chronologischen) Alter; aber auch vom biologischen (körperlichen Alter), psychologischen (subjektives Erleben, persönliches Empfinden des Alters) sowie vom sozialen und funktionalen Alter (status- und rollenabhängiges Alter).[83]

Der Begriff Geschlecht beschreibt die Wahrnehmung von Menschen als ‚weiblich' oder ‚männlich'. Es ermöglicht ihre Einteilung in Frauen und Männer. Grundlage ist ein von der Reproduktionsfähigkeit ausgehendes biologisches Verständnis von Geschlecht[84], zu dem ein von den Humanwissenschaften entwickeltes soziales Verständnis von Geschlecht als kulturell und individuell definierter Geschlechterrolle hinzutritt.[85] Der aus dem Englischen stammende Begriff ‚Gender' steht für soziales Geschlecht. Diese Begrifflichkeit ist innerhalb dieser Arbeit zu nennen, da die reine biologische Definition nicht ausreichend ist.

> „'Sex' ist eine biologische Eigenschaft. Gender ist ein sozialer Prozess. Es ist wesentlich, die Unterscheidung zwischen biologischem und sozialem Geschlecht zu begreifen und die fraglichen Begriffe präzise zu verwenden."[86]

Im Gegensatz zum biologischen Geschlecht (engl.: sex) sind mit sozialem Geschlecht die gesellschaftlich, sozial und kulturell begründeten Geschlechterrollen

---

[83] Vgl. Institut der deutschen Wirtschaft Köln Medien GmbH. http://www.wirtschaftundschule.de/lehrerservice/lexikon/a/alter-altern/. vom o.J.

[84] Das biologische Geschlecht (englisch "sex") umfasst das chromosonale und das hormonelle sowie das äußere und das innere genitale Geschlecht. Es bezieht sich also auf Chromosomensätze, Keimdrüsen, Hormone und Geschlechtsorgane. Vgl. Bildungsinitiative Queerformat. http://www.queerformat.de/fileadmin/user_upload/news/120622_SexuelleVielfalt_Glossar.pdf. vom 2012.

[85] Vgl. Ebd.

[86] Technische Universität Wien. http://www.geschlecht-und-innovation.at/begriffe/sex_und_gender_der_unterschied/. vom 29.07.2013.

von Frauen und Männern, die gesellschaftlich dominanten Vorstellungen von Weiblichkeit und Männlichkeit angenommen. Betont wird damit, dass Vorstellungen über ‚typisch weibliche' oder ‚typisch männliche' Aufgaben und Rollen nicht naturgegeben sind, sondern auf kulturellen Traditionen und gesellschaftlichen Konventionen beruhen.[87]

Goertz stellt fest, dass

> „(...) islamistische Terroristen im empirischen Durchschnitt junge Männer im Alter zwischen 15 und 25 Jahren [sind], dies gilt allerdings für die meisten Gewalttäter."[88]

Und verweist mit dieser Aussage auf Silke (2004).

Khosrokhavar beschreibt in seinem Buch folgenden Aspekt:

> „Es gibt ein optimales Alter, das bei der großen Mehrheit derer, die sich auf der Grundlage einer extremistischen Ideologie an terroristischen Aktionen beteiligen, zwischen fünfzehn und vierzig Jahren liegt."[89]

In weiteren Ausführungen verweist er darauf, dass es auch über dieses Altersspektrum hinaus die Möglichkeit einer Beteiligung an terroristischen Handlungen besteht.[90] Er beschreibt zudem eine Zunahme der Anzahl an Dschihadistinnen in Europa. Diese befinden sich meist im Alter zwischen 20 und 30 Jahren und werden somit als adoleszent oder postadoleszent bezeichnet.[91]

Herding trifft folgende Aussage in ihrem Buch:

> „Es deutet einiges darauf hin, dass radikalislamische Gruppierungen häufig eine junge Anhängerschaft haben. (...) Auch waren bisher verurteilte Mitglieder islamistischer Vereinigungen oft jung, etwa im Alter von Anfang 20 Jahren."[92]

---

[87] Vgl. Bildungsinitiative Queerformat. http://www.queerformat.de/fileadmin/user_upload/news/120622_SexuelleVielfalt_Glossar.pdf. vom 2012.
[88] Goertz 2017, S. 34.
[89] Khosrokhavar 2016, S. 115.
[90] Vgl. Ebd.
[91] Vgl. Ebd. S. 207.
[92] Herding (Hrsg.) 2013, S. 4 f.

Bezugnehmend auf den Risikofaktor des Geschlechtes schreibt Herding:

> „Anders als in der öffentlichen Wahrnehmung präsent, sind es nicht ausschließlich Männer, die sich an islamistisch-terroristischen Aktivitäten beteiligen."[93]

Eine weitere von ihm betrachtete Studie zeigt, dass die Attentäter männlich und unter 35 Jahren sind.[94]

Zusammenfassend lässt sich feststellen, dass Goertz ein Altersspektrum zwischen 15 und 25 Jahren und das männliche Geschlecht als Risikofaktor erkennt. Jedoch sei diese Tendenz auch bei anderen Straftaten erkennbar.[95]

Khosrokhavar beschränkt sich auf eine Altersspanne von 15 bis 40 Jahren. Eine konkrete Festlegung auf ein Geschlecht nimmt er innerhalb der Risikofaktoren nicht vor. Er thematisiert aber besonders eine Zunahme der Anzahl an jungen Frauen zwischen 20 und 30 Jahren innerhalb der adoleszenten oder postadoleszenten Phase.

Herding legt sich bezugnehmend auf den Risikofaktor des Alters auf „von Anfang 20 Jahren" beginnend oder unter 35 Jahren fest. Islamistisch-terroristische Aktivitäten werden nach ihrer Beschreibung nicht ausschließlich durch Männer begangen.

---

[93] Ebd. S.16.
[94] Ebd. S. 26.
[95] Vgl. Goertz 2017, S. 34.

4.4 Sozioökonomischer Status

Der Sozioökonomische Status (SES; engl. socio-economic status)[96] wird über den Beruf, das Einkommen und das Bildungsniveau definiert. Es werden in der Empirischen Bildungsforschung nicht einzelne, sondern eine Bündelung mehrerer Merkmale beleuchtet, um die Platzierung in der gesellschaftlichen Hierarchie zu bestimmen.[97] Die vorliegende Arbeit betrachtet innerhalb dieser Kategorie die Merkmale Bildungsstand und Verwicklung in Straftaten.

Goertz vertritt in seiner Arbeit die Ansicht, dass gewaltbereite Dschihadisten aus der „sogenannten Mittel- bzw. gar Oberschicht kommen *[und]* arbeiten (…)".[98] Er verweist dabei auf Studien des FBI, des Bundesamtes für Verfassungsschutz sowie des BKA und bekräftigt, dass eine sozio-ökonomische Benachteiligung und niedrige Bildungsabschlüsse kein fördernder Faktor in der Radikalisierung sind.[99] Jedoch beleuchtet er auch die gegensätzliche Ansicht. Es gibt Forschungsmeinungen, die eine

> „Status-Frustration sowie sozioökonomische Missstände als Ausgangspunkt (…) sehen. (…) Sozioökonomische Ungleichbehandlung durch die Mehrheitsgesellschaft [haben] den Radikalisierungsprozess mit zu verantworten (…)."[100]

Er verweist auf Studien von Buijis und Taarnby. In seinen Ausführungen kommt er zu dem Schluss, dass der sozioökonomische Status einen eher marginalen Anteil im Radikalisierungsprozess hat und verweist auf Bakker (2006) und Nesser (2006), wonach Islamisten und Dschihadisten unterschiedlichste Berufe ausüben und aus verschiedenen sozialen Schichten stammen.[101]

---

[96] Vgl. Ditton; Maaz 2011, S. 193.
[97] Vgl. Ebd.
[98] Goertz 2017, S. 34.
[99] Vgl. Ebd.
[100] Ebd. S. 35.
[101] Vgl. Ebd. S. 36 f.

Khosrokhavar vertritt die Ansicht, dass es insbesondere bei Jugendlichen mit Migrationshintergrund, die radikalisiert wurden,

> „einem Teil dieser Generation (...) es gelungen sei, zu den Mittelschichten aufzuschließen und sich wirtschaftlich zu integrieren. Aber ein[em] andere[n] Teil (...) nicht."[102]

Es sind, nach seiner Auffassung, vor allem Männer für Radikalisierung empfänglich, da in der beschriebenen Gruppe die Arbeitslosenquote erhöht ist und die Betroffenen ein niedrigeres Bildungsniveau aufweisen.[103] Er nennt als Gründe die mangelnde soziale Perspektiven und die fehlende soziale und wirtschaftliche Integration. Aber auch die Lebensbedingungen in ‚Ghettos'[104] bzw. Stadtteilen, in der einen bestimmten Gruppe ‚teilweise isoliert' vom Rest der Stadt leben, sind Einfluss nehmend.[105] Er führt weiterhin aus, dass

> „(...) nicht alle Türen verschlossen sind (...). Einem Teil dieser Jugend gelingt es durchaus ein Hochschulstudium zu absolvieren und zu den Mittelschichten in den ‚normalen' Stadtvierteln aufzuschließen."[106]

Nach Khosrokhavars Auffassung ist der Weg in die Kriminalität unter dem Druck äußerer Verhältnisse möglich. Die Erhöhung des Lebensstandards oder einfach jugendliche Delinquenz sind hierfür die Auslöser.[107] In der Folge kann eine Inhaftierung in einem Gefängnis möglich sein, was eine zusätzliche Radikalisierungsbereitschaft nach sich ziehen kann. In der Haft entwickelt sich eine ‚Zwangsgemeinschaft', in der sich die Individuen gegenseitig beeinflussen und in Gruppen zusammenfinden können.[108]

---

[102] Khosrokhavar 2016, S. 133.
[103] Vgl. Ebd.
[104] Ist der Begriff für die räumliche Trennung der Wohngebiete von sozialen (Teil-)Gruppen in einer Stadt oder Region. Vgl. Gabler Wirtschaftslexikon. http://wirtschaftslexikon.gabler.de/Archiv/5477/segregation-v8.html. vom 05.05.2017.
[105] Vgl. Khosrokhavar 2016, S. 125 ff.
[106] Vgl. Ebd. S. 135.
[107] Vgl. Ebd. S. 139.
[108] Vgl. Ebd. S. 183 ff.

Herding schreibt, dass

> „(...) Mitglieder einzelner Terrorzellen (...) ein wesentlich gemischteres Bild (...), was Bildung, Schichtzugehörigkeit oder kriminelle Vorgeschichte (...)"[109]

aufweisen. Herding verweist zudem auf Marc Sageman (2004: Understanding Terror Networks). Sageman weist in seiner Arbeit die These zurück, dass islamistische Täterinnen und Täter von Armut, Machtlosigkeit und mangelnder Bildung geprägt sind, sondern eher höhere Bildung und eine Anstellung vorweisen konnten (Sageman 2004).[110] Herding stützt sich auf Untersuchungen von Verfassungsschutzbehörden und stellt fest, dass gebrochene Bildungsbiografien festzustellen waren. Zudem konnten Dschihadisten in ihrer Biografie kleinkriminelle Straftaten zugeordnet werden und ein Viertel der Untersuchten war arbeitslos (Ministerium für Inneres des Landes NRW 2011). Der Autor Fahim bemängelt in Herdings „Radikaler Islam im Jugendalter" bei diesen Aussagen, die sich auf die beschriebenen Behörden beziehen, dass keine Validität besteht, da die Herkunft dieser Aussagen nicht offengelegt ist. Die Aussagekraft ist daher schwer einzuschätzen.[111] In Bezug auf die kriminelle Vorgeschichte von terroristisch agierenden Terroristen wird durch Herdings Studie (u.a. NYPD 2007) dargelegt, dass die erfassten Dschihadisten „in der Regel keine kriminelle Vorgeschichte hatten und ein unauffälliges, ‚normales' Leben lebten (...)."[112] Die drei ausgewählten Quellen (vgl. Kapitel 3) beschreiben die Möglichkeit der Beeinflussung einer Radikalisierung, ohne eine Gewichtung im Konkreten vorzunehmen.

---

[109] Dies ergab laut Herding eine Studie von Lebenslaufanalysen zu 172 verurteilten Dschihadisten. Vgl. Herding (Hrsg.) 2013, S. 26.
[110] Vgl. Ebd. S. 27.
[111] Vgl. Fahim 2013, S. 48 f.
[112] Vgl. Ebd. S. 26.

4.5 Soziale Beziehungen

Der überwiegende Teil sozialen Handelns[113] findet zwischen Menschen statt, die in persönlichen Beziehung zueinander stehen. Hierzu zählen Freunde, Verwandte, Arbeitskollegen, Nachbarn und Familie, aber auch, in der beruflichen Ansicht, zum Beispiel im Arzt- und Patientenkontakt.[114] Soziale Beziehungen werden durch das Internet und soziale Kontakte hergestellt oder gepflegt.[115] Es vollzog sich ein Wandel des Internets als reines Informationsmedium hin zum Medium für soziale Interaktion. Soziale Kontakte werden durch Nachrichtenaustausch in sozialen Netzwerken[116] begonnen oder fortgesetzt. Es können zudem virtuelle Gemeinschaften entstehen.[117] [118]

Goertz bedient sich der Forschungsergebnisse von Pantucci (2015) um den Aspekt sozialer Beziehungen zu erläutern. In den Untersuchungen kam Pantucci in seinen Biographieforschungen zu folgendem Ergebnis:

> „[Es] stellen dysfunktionale Familienhintergründe, Gewalt und psychische Unterdrückung in der Kindheit ebenso wie Auffälligkeiten und Brüche in der Schule und im Berufsleben empirische Faktoren für Radikalisierungsprozesse dar."[119]

Eine von der EU beauftragte Studie (Lone-Actor Terrorism, Personal Charecteristics of Lone-Actor Terrorists, 2016), auf die sich Goertz ebenfalls stützt, beschreibt im Erhebungszeitraum von den Jahren 2000 bis 2014 innerhalb der EU, dass 28 % der islamistischen Einzeltäter sozial isoliert waren. Goertz erläutert dem entgegenstehend aber auch, dass streng religiöse Islamisten sehr selten bis gar nicht sozial isoliert sind. Dies wird mit regelmäßigen Ritualen der Glaubensausübung begründet. Goertz verweist dabei auf Zuijdewijn (2016).[120] Goertz stellt weiterhin fest,

---

[113] „'Soziales' Handeln aber soll ein solches Handeln heißen, welches seinem von dem oder den Handelnden gemeinten Sinn nach auf das Verhalten anderer bezogen wird und daran in seinem Ablauf orientiert ist." Weber; Winckelmann (Hrsg.) 1921/1972, S. 48.
[114] Vgl. Argyle 1990, S. 232.
[115] Vgl. Goertz 2017, S. 57 ff.
[116] Vgl. Kapitel 5
[117] Vgl. Heidbrink, Lück; Schmidtmann 2009. , S. 114 f.
[118] Vgl. Kapitel 5.1.1
[119] Goertz 2017, S. 36.
[120] Vgl. Ebd.

dass „Islamisten und Jihadisten verheiratete, geschiedene, ledige Männer und Frauen (...)"[121] sein können und stellt ferner dar, dass

„80 % der untersuchten (...) Islamisten von (...) charismatischen ‚Predigern' sowie deren Netzwerken (...) radikalisiert wurden."[122]

Goertz kommt folglich zu dem Schluss, wie auch schon im Kapitel 4.2. beschrieben, dass Prediger einen vitalen Einfluss auf junge Menschen haben. Er beschreibt, dass sich alle Menschen, unabhängig von ihrer kulturellen und gesellschaftlichen Herkunft, über die Zugehörigkeit von Gruppen definieren. Er schreibt dem ‚Milieu des sozialen Nahraumes' eine entscheidende Rolle zu. Milieus und Gruppen stiften durch Faktoren wie Freundschaft, ethnische Herkunft und Religion ‚Lebenssinn'.[123] Goertz bezieht sich zudem auf internationale Forschung von Meijer (2005), Coolsaet (2012), wonach Peer Groups[124] das islamistische Milieu charakterisieren, aber zeitgleich auch ein entscheidender Faktor auf der Ebene der sozialen Beziehungen sind, da auch die Durchführung von einem Selbstmordattentat innerhalb einer Gruppe zu Anerkennung führt.[125] Er bezeichnet sie als ‚Katalysator für eine Radikalisierung'. Sowohl Rollenzwänge, das ‚Dazugehören' in Gruppen als auch gruppendynamische Prozesse sind dabei treibende Kräfte in Milieus.[126] Die aktuelle Radikalisierungsforschung im Bereich Islamismus geht davon aus, dass sich bis zu 75% der sich Radikalisierenden aufgrund von Freundschafts- und Familiennetzwerken und deren religiöser Ausrichtung einer islamistischen bzw. salafistischen Gruppe anschließen.

---

[121] Vgl. Ebd.
[122] Ebd. S. 58 f.
[123] Vgl. Ebd. S.52.
[124] Ist der Begriff für eine soziale Gruppe (engl.) von gleichaltrigen Jugendlichen, in der das Individuum soziale Orientierung sucht und die ihm als Bezugsgruppe dient. Peer Groups haben eigene Werte, Einstellungen und Verhaltensweisen. Vgl. Gabler Wirtschaftslexikon. http://wirtschaftslexikon.gabler.de/Archiv/14589/peer-group-v8.html. vom 05.05.2017.
[125] Vgl. Goertz 2017, S. 53.
[126] Vgl. Ebd. S.53 f.

Goertz verweist dabei auf Bakker 2006, Nesser/Stenersen 2014. Empirische Studien[127] schlussfolgern, dass der Einfluss von Gruppen auf Individuen in Bezug auf Gewaltanwendung enorm hoch ist, denn Individuen empfinden als Teil einer Gruppe, eine geringere Verantwortlichkeit für gewalttätige Aktionen.[128]

Khosrokhavar untersuchte in seinem Buch u.a. Einzelbiografien von radikalen Islamisten und beschreibt dabei zweierlei Faktoren. Zum einen geht er auf die Lebensbedingungen in Ghettos (vgl. Kapitel 4.4) ein. Als zweiten Faktor benennt er das Gefühl der Dehumanisierung[129]. In Ghettos lebende Personen sind durch Perspektivlosigkeit geprägt und der Resignation, nicht zur Mittelschicht aufschließen können, geprägt.[130] Es entwickelt sich eine Art Gruppengefühl aus der Verzweiflung heraus, das sich in Aggressivität und Empfänglichkeit von Indoktrination[131] äußert.[132] Gescheiterte oder schwerfällige Integration in Lebensbereichen wie einem neuen Wohnort, einem Beruf o.ä. sind negative Erfahrungen im Bereich der sozialen Beziehungen, die ursächlich für die Empfänglichkeit einer Doktrin durch Rekruteure sein können.[133] Khosrokhavar beschreibt weiterhin, dass Brüche in sozialen Beziehungen wie z.b. innerhalb der Familie oder mit Freunden, innereheliche Gewalt, aber auch Gewalt in der Schule, festzustellen sind. Khosrokhavar benennt den Einfluss des Internets, um soziale Kontakte herzustellen oder weiterzuentwickeln. Zudem schreibt er Predigern in Moscheen, Kulturvereinen eine tragende Rolle im Prozess der Radikalisierung von Islamisten zu.[134] Als Besonderheit ist hervorzuheben, dass Khosrokhavar explizit auf den Risikofaktor einer Radikalisierung im Gefängnis eingeht. Er beschreibt dabei die besondere Gefahr im Gegensatz zu anderen sozialen Räumen dahingehend, dass der Strafvollzug eine Zwangsgemeinschaft aus Individuen darstellt. Die Inhaftierten haben ein gespanntes Verhältnis zur Gesellschaft und leiden unter sozialer Frustration und kultureller

---

[127] Goertz verweist auf Borum 2011.
[128] Vgl. Ebd. S.58.
[129] Ist die ex- oder implizite Wahrnehmung oder Beziehung von Personen oder Gruppen als nicht-/untermenschlich, oft durch Verweis auf vermeintlich untermenschliche oder neg. übermenschliche Eigenschaften. Leidner 2017, S. 355.
[130] Vgl. Khosrokhavar 2016, S. 125 ff.
[131] Indoktrination kommt von Doktrin=lat. „Lehre". Doktrin bezeichnet eine systematische und bewusste Strategie mit der Inhalte und Werte eingesetzt werden um das menschliche Verhalten auf ganz bestimmte Weise zu formen und zu prägen. Böhm; Seichter 2018, S. 231.
[132] Vgl. Khosrokhavar 2016, S. 125 ff.
[133] Vgl. Ebd. S. 132 ff.
[134] Vgl. Ebd. S. 127 ff, 162 ff.

Stigmatisierung. In der Summe formt dies Gruppen, wobei sich die Individuen dabei gegenseitig beeinflussen. Weiterhin kann sich dort ein Rekruteur die psychische Instabilität zunutze machen, um eine Radikalisierung zu initiieren.[135]

Herding verweist in seinen Ausführungen darauf, dass deutsche Sicherheitsbehörden Untersuchungen durchgeführt haben, in denen Biografien und ‚Karrieren' von Islamisten bzw. islamistischen Terroristen analysiert und verglichen wurden.[136] Gemein ist nach der Auffassung von Fahim, dass die analysierten Personen sehr oft von ‚gestörten Familiensystemen' und fehlenden sozialen Bindungen geprägt sind. Es finden sich gebrochene Bildungsbiografien. Bei Menschen mit Migrationshintergrund, besonders bei Musliminnen und Muslimen, spielen Diskriminierung und Ausgrenzungserfahrungen eine Rolle. Im Fall einer islamischen Radikalisierung wird eine radikale/extremistische Auslegung des Islams angenommen, was seiner Ansicht nach etwas mit der Biografie der muslimisch geprägten Jugendlichen zu tun habe, die nach Identität suchen (vgl. Kapitel 4.6).[137] Über die Hälfte der untersuchten Islamisten fielen durch kleinkriminelle Straftaten wie Diebstähle, Betäubungsmitteldelikte oder Körperverletzung vor oder nach ihrer Konversion auf.[138] Den Einschätzungen des nordrhein-westfälischen Verfassungsschutzes zufolge sind derartige „Auffälligkeiten im Sozialisationsverlauf" sowie „Defizite im eigenen Lebenslauf oder in der Persönlichkeit" Hauptgründe für die Hinwendung zu „islamistischen Szenen". Herding stellt weiterhin dar, das Ansichten zum Aspekt der sozialen Beziehungen bestehen, wonach die geschilderten Aufwachsprozesse von Terroristen zumeist unauffällig und die Familienverhältnisse vorwiegend traditionell und unproblematisch waren. Dem entgegenstehend kann aber auch eine schwierigere Kindheit eine Radikalisierung fördern, z.B. das Erwachsenwerden in Palästina, die Scheidung der Eltern oder Probleme mit Stiefeltern. Die ersten Kontakte zu islamistischen Kreisen, die sich rekonstruieren ließen, wurden über Freunde, Mitschüler, Moscheegemeinden, Eltern oder Chatrooms hergestellt. Moscheen sind bei muslimischen Gläubigen Teil des Soziallebens. Charismatische und rhetorisch aggressive junge Prediger nehmen dabei Einfluss auf empfängliche

---

[135] Vgl. Ebd. S. 183 ff.
[136] Vgl. Fahim 2013, S. 48.
[137] Vgl. Herding (Hrsg.) 2013, S. 10 f.
[138] Vgl. Verfassungsschutz Nordrhein-Westfalen.
http://www.mik.nrw.de/fileadmin/_migrated/content_uploads/Konvertiten_-_im_Fokus_des_Verfassungsschutzes_01.pdf. vom 31.11.2011. S. 46.

Personen.[139] Ebenso haben spezifische Wertvorstellungen in den Familien Einfluss auf eine mögliche Radikalisierung. Der gewaltlegitimierende Ehrbegriff[140] familiärer Sozialisation verbindet sich dann in der Adoleszenz im Kontext männerbündischer Peer Groups. Angenommene Überlegenheitsphantasien entstehen und werden ausgelebt.[141] Bei Jugendlichen hat die Peer Group einen entscheidenden Einfluss auf Einstellungen und Verhalten. Belegt wurde das innerhalb der analysierten Quelle durch Roper/La Niece 2009. Sageman (2004) und Silke (2008) betonen zum Beispiel die Wichtigkeit von sozialen Netzwerken bei der Entwicklung radikaler Einstellungen von Musliminnen und Muslimen.[142] Für Goertz zählen zum einen dysfunktionale Familienhintergründe, Gewalt, psychische Unterdrückung in der Kindheit, Auffälligkeiten und Brüche in der Schule und im Berufsleben zu den Faktoren, die für den Radikalisierungsprozess ausschlaggebend sind. Einzeltäter können sozial isoliert sein. Zum anderen besteht laut Goertz aber auch die Möglichkeit, dass Islamisten auch sehr selten oder gar nicht sozial isoliert sind. Weiterhin schreibt er islamistischen Predigern, Peer Groups, Gruppen und dem Milieu einen vitalen Einfluss zu. Die Beeinflussung durch Freunde und/oder Familie ist feststellbar.

Khosrokhavar beschreibt die Gefahr einer Radikalisierung in ‚Ghettos', da die Personen isoliert in ihrem Stadtteil leben. Seiner Meinung nach entwickelt sich aus der Perspektivlosigkeit eine Verzweiflung. Es entsteht eine Art Gruppengefühl, das sich in Aggressivität und Empfänglichkeit von Indoktrination äußert. Gescheiterte oder schwerfällige Integrationen in neuen Lebensbereichen verstärken die Empfänglichkeit für die Doktrin von islamistischen Rekruteuren. Brüche in sozialen Beziehungen (wie Familie, Freunden, in der Schule) sind feststellbar, ebenso wie Gewalterfahrungen. Zudem schreibt er Predigern in Moscheen, Kulturvereinen aber auch Inhaftierungen in Gefängnissen eine tragende Rolle zu.

Herding beschreibt gestörte Familiensysteme und fehlende soziale Bindungen als Risikofaktoren in der Radikalisierung ‚ebenso wie gebrochene Bildungsbiografien. Bei Personen mit Migrationshintergrund, besonders bei Musliminnen und Muslimen, sind Diskriminierung und Ausgrenzungserfahrungen zusätzlich ein Indikator

---

[139] Vgl. von Wensierski; Lübcke 2013, S. 68 f.
[140] Eine weitere Ausführung ist hierzu in der Arbeit nicht vorgesehen, da es den Rahmen dieser Arbeit sprengen würde.
[141] Vgl. von Wensierski; Lübcke 2013, S. 59.
[142] Vgl. Schiefer, Möllering; Geschke 2013, S. 127.

für die Empfänglichkeit von Radikalisierungsversuchen. In Erhebungen durch Sicherheitsbehörden wurden bei untersuchten Islamisten kleinkriminelle Straftaten sowie Auffälligkeiten im Sozialisationsverlauf in der Einstiegsphase zur Radikalisierung festgestellt. Es gibt aber auch nach seiner Ansicht die weitere Möglichkeit, dass die Aufwachsprozesse in der Familie unauffällig und die Familienverhältnisse vorwiegend unproblematisch sind. Dem entgegenstehend wird dargestellt, dass es Biografien im Bereich des Islamismus gibt, die eine schwierigere Kindheit aufwiesen.[143] Erste Kontakte zu islamistischen Kreisen werden über Freunde, Mitschüler, Moscheegemeinden, Eltern, Prediger oder Chatrooms geknüpft. In der Adoleszenz kann in Peergroups der bereits beschriebene gruppendynamische Prozess Einfluss auf eine Radikalisierung nehmen.

Bezugnehmend auf die Kategorie der sozialen Beziehungen in der Radikalisierung lässt sich feststellen, dass im familiären Bereich sowohl dysfunktionale, gewalttätige aber auch unproblematische Familienhintergründe oder Beziehungen möglich sein können. Vermehrt wurden aber gestörte Familiensysteme festgestellt. Eine soziale Isolation oder Integration ist nicht zwingend ein Indikator, jedoch ein begünstigender Faktor für eine Radikalisierung. Ebenso ist der Beziehungsstatus nicht maßgebend für die Beeinflussungstendenzen. Weitere Einflussfaktoren sind Prediger, Peer Groups, Freunde, Familie und erweiterte soziale Kontakte. Brüche in sozialen Beziehungen, Bildungsverläufen und Sozialisationsverläufen nehmen auf die Tendenz zur Radikalisierung Einfluss. Bei Personen mit Migrationshintergrund sind Diskriminierungs- und Ausgrenzungserfahrungen oder eine Ghettoisierung ein weiterer Faktor. Eine Inhaftierung in Gefängnissen ist zudem ein radikalisierungsfördernder Faktor.

---

[143] Vgl. von Wensierski; Lübcke 2013, S. 68 f.

4.6 Psychologische Faktoren

„Psychologie beschreibt die Erfahrungswissenschaft, deren Gegenstand menschliches Erleben und Verhalten ist."[144] Als Faktor wird ein mitwirkender Bestandteil[145] definiert. Zusammenfassend ergibt sich daraus eine Einwirkung resultierend aus menschlichem Erleben und Verhalten. In dieser Arbeit wird u.a. untersucht, welche psychologischen Faktoren den Prozess der Radikalisierung beeinflussen können.

Für Jugendliche ist während der Phase der Adoleszenz[146] die Entwicklung einer eigenen Identität eine grundlegende Herausforderung: Identität meint hier eine Person als einmalig und unverwechselbar, sowohl durch die soziale Umgebung als auch durch das Individuum selbst.[147] „Das Individuum erlebt Identität als Einheit der Person."[148] Ein wichtiger Mechanismus beim Identitätserwerb ist der Mechanismus der sogenannten Identifikation: Rollenübernahme ist das Resultat einer Suche nach Experimentierfeldern, Handlungsanleitungen und Idealen. Wenn beispielsweise Jugendliche von einer Person in einer bestimmten Rolle beeindruckt sind, stellen sie zu dieser Person eine emotionale Beziehung her. Sie sind fasziniert und möchten die gleiche Position oder Rolle einnehmen. Die Störungen einer Übernahme von sozialen Rollen in der Adoleszenz können zu Identitätskrisen führen.[149] Dies ist eine häufige Erscheinung bei sozial Entwurzelten und Flüchtlingen.[150]

---

[144] Gabler Wirtschaftslexikon. http://wirtschaftslexikon.gabler.de/Definition/psychologie.html. vom 30.06.2017.

[145] Vgl. Wortbedeutung.info. http://www.wortbedeutung.info/Faktor/. vom o.J.

[146] Neben den vielfältigen biologischen Veränderungen (Pubertät) werden diese von einer Reihe psychosozialer Veränderungen begleitet, die den langsamen Eintritt des Heranwachsenden in die Erwachsenenwelt kennzeichnen. Diese „psychosoziale Pubertät" bezeichnet man als Adoleszenz, die durch tiefgreifende Wandlungen im subjektiven Erleben begleitet wird und ebenfalls eine normative Neuorientierung fordert. Dabei geht es oftmals um die Fragen, ob noch normale Interaktionen mit Gleichaltrigen möglich sind oder nicht, welche Beziehungen zu anderen Erwachsenen bestehen oder ob Schule und Ausbildungsmöglichkeiten noch wahrgenommen und welche persönliche Ziele verfolgt werden. (alles Krisensituationen) Vgl. Fegert. https://www.neurologen-und-psychiater-im-netz.org/kinder-jugendpsychiatrie/warnzeichen/adoleszenz-adoleszenzkrisen/pubertaet-und-adoleszenz/. vom 01.11.2016.

[147] Vgl. Fegert. https://www.neurologen-und-psychiater-im-netz.org/kinder-jugendpsychiatrie/warnzeichen/adoleszenz-adoleszenzkrisen/identitaetsentwicklung-und-identitaetskrisen. vom 30.07.2016.

[148] Ebd.

[149] Vgl. Ebd.

[150] Vgl. Peters 2017, S. 259.

Goertz vertritt in dem Themenbereich die Auffassung, dass

> „vor allem junge Menschen in der Identitätsfindungsphase und auf der Suche nach Antworten (...) simplifizierende salafistische Ideen und eindeutige Antworten von charismatischen Leitfiguren der salafistischen Szene oftmals bereitwillig an[nehmen]."[151]

Er ist weiterhin der Meinung, dass

> „die überwiegende aktuelle, internationale psychologische und sozialwissenschaftliche Forschung zum Schluss [kommen], dass islamistische Terroristen im Wesentlichen ‚normale' Menschen ohne psychische Krankheiten sind."

Er verweist dabei auf Studien von Horgan (2003, 2014) und Sagemann (2017). Sozialpsychologische Untersuchungen kommen zudem nach seiner Ansicht, dass Terroristen alles andere als irrational sind und dass psychisch Kranke pauschal sicherlich keine komplizierten geheimen terroristischen Anschläge planen können. Er verweist hierzu auf Sagemann (2004) und Silke (2008).[152]

Allerdings wurde häufig ein unsoziales und aggressives Verhalten beobachtet, Goertz verweist dabei auf den Autoren Venhaus (2010).

Im Folgenden stelle ich die Ansicht von Khosrokhavar dar. Er vertritt den Standpunkt, dass eine mentale Instabilität oder psychische Labilität Indikatoren sind. Menschen mit diesen Persönlichkeitsmerkmalen können von Gruppen leichter beeinflusst werden.[153] Weiterhin beschreibt er einen fördernden Aspekt bei ‚Identitätssuchenden', die Brüche im Lebensalltag erfahren haben. Das kann dazu führen, dass gesicherte Existenzen aufgegeben werden, um die Identitätskrise zu bewältigen. In der Folge kann eine Beziehung zu Religionen hilfreich sein, da dadurch die Existenz des Individuums wieder einen Sinn gewinnt. Dies kann bis zu einem Radikalisierungspunkt führen, in dem ‚Feinde des Islams' gewaltsam bekämpft werden.[154] Der Autor weist aber auch darauf hin, dass nicht nur eine Identitätskrise ausschlaggebend sein kann. Sie ist auch ein Ausdruck für ‚Revolutionsromantik' und verknüpft dies mit einem Beispiel einer Ausreise nach Syrien.

---

[151] Goertz 2017, S. 62.
[152] Vgl. Ebd. S. 33.
[153] Vgl. Khosrokhavar 2016, S. 158 f.
[154] Vgl. Ebd. S. 163.

Herding gelangt in seinen Ausführungen zu der Ansicht, dass das Ausprobieren von radikalen Positionen im Jugendalter sich auch im Kontext des Wechselspiels zwischen der Auslotung von Grenzen und Bindungen, z. B. an Werte, verstehen lässt.[155] Herding verweist auf die Forschung von Mina Al-Lami. Diese Autorin fasst die vorherrschenden Ansätze unter fünf thematischen Schwerpunkten zusammen: sozio-ökonomische Benachteiligung (vgl. Kapitel 4.4), Globalisierung und Suche nach Identität, soziale Bindungen (vgl. Kapitel 4.5), politische Marginalisierung und Missstände sowie radikale Rhetorik (Al-Lami 2009).[156] In Herdings Quelle wird weiterhin auf Martijn de Koning (2009) verwiesen. Er konstatiert, dass die Suche nach der eigenen Identität und nach einem authentischen Islam, die Antworten auf die Sinnsuche sind. Es herrscht häufig das Bedürfnis nach einer starken Identität, nach Selbstverwirklichung und Veränderung nach einer persönlichen Krise mit einer Wiederbelebung eines eventuell vorhandenen Glaubens oder die Konversion dorthin. Dabei wird der Kontakt zu salafistischen Ideologien und Netzwerken gesucht.[157] Herding bezieht sich auf de Koning (2009) und stellt fest, dass die Untersuchung insgesamt Hinweise liefert, dass Sinn- und Identitätssuche während der Jugendphase eine wichtige Rolle für Radikalisierung spielen.[158] In der identitätsbildenden Phase können anhaltende Minderwertigkeitskomplexe aufgrund von Diskriminierung feststellbar sein. Herding verweist dabei auf Waldmann (2009) und auch Theveßen (2005). Daneben können aber auch politische Polarisierungen und stigmatisierende öffentliche Debatten Verbitterung bei Musliminnen und Muslimen auslösen, die wiederum zu Gefühlen der Entfremdung und zur Suche nach neuen Identitäten führen können (Korteweg u. a. 2010). Nach von Wensierski/Lübcke in Herdings Buchquelle wird versucht, im Rahmen der Identitätsfindung selbstbewusste kollektive Identitäten auszubilden und damit fehlende soziale Anerkennung in den Herkunftsmilieus oder in der Schule zu kompensieren.[159] Insgesamt wurde die Einschätzung der Autoren gegeben, dass islamische Radikalität ein vorübergehendes Jugendphänomen darstellt, welches jedoch als noch nicht ausreichend erforscht erachtet wird.[160]

---

[155] Vgl. Herding (Hrsg.) 2013, S. 11 f.
[156] Vgl. Ebd. S. 23.
[157] Vgl. Ebd. S. 25 f.
[158] Vgl. Ebd.
[159] Vgl. von Wensierski; Lübcke 2013, S. 65.
[160] Vgl. Herding (Hrsg.) 2013, S. 11.

Es lässt sich feststellen, dass Goertz die Auffassung vertritt, dass eine Identitätsfindungsphase bei jungen Menschen diese anfällig für die Indoktrination der islamistischen oder salafistischen Szene macht, da die jungen Menschen auf der Suche nach Antworten sind, welche durch charismatische Prediger vermeintlich gegeben werden. Er ist weiterhin der Meinung, dass im Wesentlichen keine psychologischen Krankheitszustände bei islamistischen Terroristen feststellbar waren. Häufig ist aber ein unsoziales und aggressives Verhalten beobachtet worden.

Khosrokhavar hat die Auffassung, dass eine mentale Instabilität oder psychische Labilität Indikatoren im Radikalisierungsprozess sind, was wiederum Voraussetzung sein kann, um leichter von Gruppen beeinflusst zu werden. Er benennt zudem ursächlich eine ‚Identitätssuche', welche mit Brüchen im Lebensalltag zusammenhängt. Konsequenz kann in diesem Fall sein, dass gesicherte Existenzen aufgegeben werden, um die Identitätskrise zu bewältigen. In der Folge kann eine Beziehung zu Religionen dabei helfen, in der Existenz des Individuums wieder einen Sinn zu entdecken. Ein jugendliches revolutionäres Verhalten kann ebenfalls die Empfänglichkeit für eine islamistische Indoktrination fördern.

Herding kommt zusammenfassend zu dem Ergebnis, dass das Ausprobieren von radikalen Positionen im Jugendalter ein häufig festgestellter Prozess ist auf der Suche nach der eigenen (starken) Identität und Selbstverwirklichung. Religionen geben dabei die Antwort auf die Fragen der eigenen Identität und eine Option der Veränderung nach oder während einer zu bewältigenden Krise. Eine weitere Rolle für die Radikalisierung spielen in der identitätsbildenden Phase anhaltende Minderwertigkeitskomplexe aufgrund von Diskriminierung, die dann einen Drang zu radikalen Ansichten fördern können.

Zusammenfassend beschreiben die drei ausgewählten Quellen (vgl. Kapitel 3) bezugnehmend auf die Kategorie der psychologischen Faktoren, dass die Suche nach einer Identität, also eine Identitätskrise, entscheidend im Radikalisierungsprozess ist. Die Identitätsfindungsphase bei jungen Menschen macht sie anfällig für die Indoktrination der islamistischen oder salafistischen Szene, weil Antworten auf wichtige lebensbegründende Fragen gesucht werden. Die Antworten darauf können dann ggfs. Prediger geben, welche dabei eine Indoktrination realisieren können, indem sie ihre radikale Auslegung des Islam verbreiten. Der Glaube an einen Gott hilft dabei, derartige Lebenskrisen zu bewältigen. Im Wesentlichen sind keine psychologischen Krankheitszustände bei islamistischen Terroristen feststellbar. Häufig ist aber ein unsoziales und aggressives Verhalten möglich. Jedoch können mentale Instabilität oder psychische Labilität Indikatoren im Radikalisierungsprozess sein, da dies als eine Voraussetzung gesehen wird um leichter von Gruppen beeinflusst zu werden. Zudem kann ein jugendliches revolutionäres Verhalten ebenfalls die Empfänglichkeit für eine islamistische Indoktrination fördern. Insgesamt wurde aber die Einschätzung der Autoren gegeben, dass islamische Radikalität ein vorübergehendes Jugendphänomen darstellt, welches jedoch als noch nicht ausreichend erforscht erachtet wird.

4.7 Zusammenfassung und Darstellung der Ergebnisse

Im Anschluss an die Literaturrecherche erfolgte die Auswahl von drei Textquellen. Die relevanten Texte wurden im Rahmen einer qualitativen Inhaltsanalyse näher beleuchtet. Aus der Generation von Schlagworten konnten Kategorien und Unterkategorien gebildet werden. In Folge war eine Auseinandersetzung damit möglich (vgl. Abbildung 3). In der weiteren Folge wurde auf die Kategorien eingegangen. Die Datenanalyse führte folgerichtig zur Herausarbeitung von Faktoren, die den Radikalisierungsprozess im islamistischen-terroristischen Spektrum begünstigen können.

Die Analyse der Texte ergab bei Terroristen ein Altersspektrum zwischen 15 und 40 Jahren. Zumeist handelt es sich dabei um männliche Personen.[161]

Es kann festgestellt werden, dass das Internet ein tragendes Element als Kommunikations-, Rekrutierungs- und Informationsmedium in einer dschihadistischen Radikalisierung darstellt. Das Internet übt mittlerweile entscheidenden Einfluss aus, weil es fast überall verfügbar und vielseitig nutzbar ist. Es können beliebige Datenmengen mit unterschiedlichsten Inhalten und Zielen anonym ausgetauscht und verbreitet werden. Im Rahmen von Vorbereitungshandlungen können auch anonym Utensilien für Terrorakte erworben werden.[162] In allen folgenden Faktoren einer Radikalisierung verknüpft das Internet als Kommunikationsmittel die Protagonisten (vgl. Kapitel 5).[163]

Daran anknüpfend werden der Glaube und Religionen als vitale Faktoren im Radikalisierungsprozess beschrieben. Die extremistische Auslegung des Islam kann bei Individuen zu Gewaltbereitschaft oder Gewaltausübung führen. Prediger und Imame nutzen dabei das Internet als Medium, um über die Religion bzw. deren

---

[161] Vgl. Kapitel 4.3
[162] Vgl. Kapitel 5
[163] Vgl. Kapitel 4.1

Auslegung Informationen zu verbreiten und zu propagieren. Moscheen werden dabei als ‚offline'- Örtlichkeit genutzt, um soziale Beziehungen zu knüpfen und zu pflegen. In der Folge kann dies ein Erstkontakt mit extremen Ansichten des Islam sein, die je nach Status weiterer Risikofaktoren sehr radikalisierungsfördernd wirken können[164]

Der eben dargestellte Faktor der sozialen Beziehungen ist ein immanenter, nicht zu vernachlässigender Bestandteil im Kontext der Radikalisierung. Gibt es im zwischenmenschlichen Bereich dysfunktionale und gewalttätige Strukturen, begünstigt das die Bereitschaft, sich radikalisieren zu lassen. Unproblematische Familienhintergründe oder -beziehungen bedeuten allerdings nicht, dass eine Radikalisierung nicht möglich ist. In der Gesamtbetrachtung sozialer Beziehungen ist eine soziale Isolation oder Integration aber nicht zwingend ein Indikator für eine Radikalisierung. Der Beziehungsstatus ist in diesem Kontext (ob ledig oder verheiratet etc.) nicht maßgebend für die Beeinflussung im Radikalisierungsprozess. Häufig sind aber Brüche in sozialen Beziehungen, Bildungsverläufen und Sozialisationsverläufen feststellbar. Wenn dies der Fall ist, können genau diese Brüche eine Radikalisierung sehr stark fördern. In den Analysen wurde bei allen Autoren der große Einfluss von Freunden, Familie, Predigern und Gruppen[165] unterstrichen. Innerhalb von Gruppen kann z.B. die Durchführung eines Selbstmordanschlages im Namen des Islam zu Anerkennung in der Gruppe führen.[166] Radikalisierte Personen empfinden das gegebenenfalls als scheinbaren Lösungsweg in einer Lebens- oder Identitätskrise.

Ein weiterer Faktor im Radikalisierungsprozess stellen der Migrationshintergrund und die damit verbundenen möglichen Identitätskrisen dar. So begünstigt das Fehlen einer gefestigten Identität eine Beeinflussung aus dem radikalen Milieu heraus. Das Erleben von Diskriminierungs- und Ausgrenzungserfahrungen oder eine Ghettoisierung in Örtlichkeiten fördert ebenso die Einflussnahme durch Radikale. Auf der Suche nach Geborgenheit und Zugehörigkeit deckt auch der Verbund von Moschee und Imamen diese Bedürfnisse.

---

[164] Vgl. Kapitel 4.2
[165] Seit 2005 sind fast alle Anschlagsversuche von Gruppen mit mehr als 3-4 Mitgliedern gescheitert. Anschläge von Kleinstgruppen konnten dagegen nicht durch Sicherheitsbehörden verhindert werden. Vgl. Khosrokhavar 2016, S. 158 f.
[166] Vgl. Kapitel 4.5

Es lässt sich neben den bisher genannten Risikofaktoren feststellen, dass dem sozioökonomischen Status unterschiedliche Wertigkeiten im Radikalisierungsprozess zugeordnet werden. Denn in der Forschungslandschaft ist zu diesem Faktor ein vielseitige Ansicht vertreten. Unter anderem Studien von Bakker, Nesser (jeweils 2006) oder des FBI und weiteren Verfassungsschutzbehörden befassen sich mit dieser Problemstellung. Die genannten Verfasser vertreten die Ansicht, dass eine sozio-ökonomische Benachteiligung und niedrige Bildungsabschlüsse kein fördernder Faktor in der Radikalisierung sind.[167] Eine gegensätzliche Ansicht dazu vertreten von Ditton und Maaz (2011), wonach sozioökonomische Missstände oder Ungleichbehandlung als Ausgangspunkt im Radikalisierungsprozess zu sehen sind.[168]

In den drei analysierten Quellen wird die überwiegende Meinung vertreten, dass das Bildungsniveau als Bestandteil des sozioökonomischen Status eine Radikalisierung nur geringwertig beeinflusst. Es kann aus einem niedrigen Bildungsgrad eine gescheiterte soziale und wirtschaftliche Integration resultieren. Anhand des Bildungsniveaus der späteren Dschihadisten lassen sich dennoch nur schwer Rückschlüsse auf die Radikalisierungsbereitschaft ziehen, da untersuchte islamistische Täterinnen und Täter meist einen hohen Bildungsgrad haben und eine Anstellung im gehobenen Arbeitssektor nachweisen können. Der berufliche Status bei analysierten Dschihadisten bewegt sich von arbeitslos bis hin zu einem Berufstätigen-Status. Jedoch sind nach einer Studie des Ministeriums für Inneres des Landes NRW (2011) ein Viertel der untersuchten Dschihadisten arbeitslos. Daraus kann eine fehlende soziale Perspektive oder gar eine Identitätskrise entstehen, was die Empfänglichkeit für extremistische Auslegungen einer Religion signifikant erhöhen kann. Es ist eine Art Rettungsanker für ein Individuum in einer Phase der Perspektivlosigkeit.

Oft ist im Rahmen der Perspektivlosigkeit das Verlangen nach Verbesserung der Lebensumstände oder einfach jugendliche Delinquenz der Grund für Straffälligkeit. Dies wiederrum kann dann die Empfänglichkeit für die islamistische Propaganda erhöhen, weil sich die Ausübung von Straftaten gehäuft im Rahmen von islamistisch geprägten Peer Groups umsetzt. Bei Dschihadisten sind daher häufig

---

[167] Vgl. Kapitel 4.4
[168] Vgl. Ebd.

kleinkriminelle Karrieren zu erkennen.[169] Eine anschließende mögliche Inhaftierung wirkt sich zudem auch fördernd auf die Radikalisierung aus. Innerhalb einer Inhaftierung bilden sich in kleinen sozial Räumen Peer Groups, die sich noch stärker gegenseitig beeinflussen.

Ein weiterhin entscheidender Faktor ist die Suche nach einer Identität bzw. nach einer Bewältigungsstrategie zu einer Identitätskrise. Die Identitätskrisen können wie schon beschrieben u.a. aus Arbeitslosigkeit entstehen. Innerhalb dieser Phase der Identitätskrise ist besonders bei jungen Menschen eine Anfälligkeit für die Indoktrination der islamistischen oder salafistischen Szene erkennbar, da der Glaube an einen Gott hilft, Lebens-/ Identitätskrisen zu bewältigen. Es kann aus den Krisen heraus eine psychische Labilität entstehen. Im Wesentlichen waren bei Dschihadisten keine psychologischen Krankheitszustände feststellbar. Häufig allerdings ist ein unsoziales und aggressives Vorverhalten erkannt worden. Eine mentale Instabilität oder psychische Labilität sind jedoch auch nicht zu vernachlässigende Indikatoren im Radikalisierungsprozess.[170]

In der Zusammenfassung der Ergebnisse sind die Faktoren im Rahmen meiner Arbeit dargestellt worden, welche eine Radikalisierung bedingen können. Das Internet ist dabei als ein wichtiger Einflussfaktor festgestellt worden. Im nachfolgenden Kapitel wird aus diesem Grund noch einmal gesondert auf das Internet eingegangen.

---

[169] Vgl. Verfassungsschutz Nordrhein-Westfalen. http://www.mik.nrw.de/fileadmin/_migrated/content_uploads/Konvertiten_-_im_Fokus_des_Verfassungsschutzes_01.pdf. vom 31.11.2011. S. 46.
[170] Vgl. Kapitel 4.6

5 Der virtuelle Dschihad - Die Bedeutung des Internets im Radikalisierungsprozess

Im Kapitel 4.1 wurde ein Überblick zum Faktor Internet gegeben. Fortsetzend wird auf die Social Media Plattformen Facebook, Twitter und einschlägige Internetseiten eingegangen.

Andere Social Media Plattformen wie Instagram, Skype o.ä. finden keine Berücksichtigung, um den Rahmen der Arbeit nicht zu übersteigen. Eine Schlüsselfunktion im Radikalisierungsprozess kommt dem Internet zu:

> „The Internet provides the wandering mind of the conflicted young Muslim or potential convert with direct access to unfiltered radical and extremist ideology."[171]

Der Verfassungsschutz stellt fest, dass sich das Internet zum Schlüsselmedium der weltweiten Kommunikation entwickelt hat. Extremisten benutzen es als Propagandaplattform. Darüber hinaus wird es als Kommunikationsmittel für islamistische und islamistisch-terroristische Netzwerke genutzt. Als Organ zur Überwachung wurde Anfang 2007 das Gemeinsame Internetzentrum (GIZ)[172] zur Beobachtung und Bewertung islamistischer Internetinhalte in Berlin eingerichtet.[173]

Der Erstkontakt zur Szene wird unter anderem über das Internet und soziale Netzwerke hergestellt, da dort anonyme und virtuelle Plattformen zum Infoaustausch Gleichgesinnter existieren.[174] Der niedrigschwellige Zugang zum Internet, die ständige Verfügbarkeit und die oben genannten Faktoren zeigen deutlich den Stellenwert, den das Internet im Prozess der Radikalisierung zukommt. Im Folgenden werden diese Faktoren näher beleuchtet.

---

[171] Silber; Bhatt 2007, S. 8.Übersetzung A.R.
[172] Ist ein Gremium, welches aus Vertretern diverser Behörden besteht. Die Aufgabe der am GIZ mitwirkenden Behörden ist die Beobachtung, Auswertung und Analyse von Veröffentlichungen mit islamistischen und jihadistischen Inhalten im Internet, um hierdurch frühzeitig extremistische und terroristische Strukturen und Aktivitäten zu identifizieren. Vgl. Bundesamt für Verfassungsschutz. https://www.verfassungsschutz.de/de/arbeitsfelder/af-islamismus-und-islamistischer-terrorismus/gemeinsames-internetzentrum-giz. vom 26.09.2017.
[173] Vgl. Ebd.
[174] Vgl. Silber; Bhatt 2007, S. 8. Übersetzung A.R.

5.1 Das Angebot

Seit der Erfindung des Buchdrucks gilt die Einführung des Internets als die herausragende Entwicklung, die zu einem grundlegenden Wandel des Kommunikationsverhaltens und der Nutzung der Medien geführt hat. Der Zugang ist niedrigschwellig und wie beschrieben wurde die Versorgungsstruktur in den letzten zwei Jahrzehnten weltweit ausgebaut. So entwickelte sich das Internet zu einem der wichtigsten Kommunikationsformen.[175] Es stellt weltweit Informationen in Form von Text-, Bild-, Video- und Audiodateien zur Verfügung und wirkt als verbindendes Element, z.B. durch interpersonale Kommunikation via E-Mails, Blogs, Chats, Foren oder soziale Netzwerke.[176]

„Weil Terroristen vermehrt dazu übergehen (...), ihre Aktionen mit Cybercrime[177] auf den Handelsplattformen im Darknet[178] zu finanzieren (...)"[179], stellt auch das Darknet einen wichtigen Faktor bezugnehmend auf den islamistischen Terrorismus dar.[180] Jedoch sind in dieser Arbeit aufgrund anderer thematischer Schwerpunktsetzung keine weiteren Ausführungen dazu möglich.

---

[175] Bundesgerichtshof. http://juris.bundesgerichtshof.de/cgi-bin/rechtsprechung/document.py?Gericht=bgh&Art=pm&pm_nummer=0014/13. vom 24.01.2013.

[176] Vgl. Fuchs; Mähler 2015, S. 106.

[177] Cybercrime (engl. Internetkriminalität) umfasst Straftaten, die sich gegen das Internet, Datennetze, informationstechnische Systeme oder deren Daten richten oder die mittels dieser Informationstechnik begangen werden. Vgl. Bundeskriminalamt. https://www.bka.de/DE/UnsereAufgaben/Deliktsbereiche/Internetkriminalitaet/internetkriminalitaet_node.html. vom o.J.

[178] Darknet (engl. „Dunkles Netz") beschreibt in der Informatik ein Netzwerk, dessen Teilnehmer ihre Verbindungen untereinander manuell herstellen. Im Ergebnis bietet ein Darknet ein höheres Maß an Sicherheit. Vgl. Wikipedia. https://de.wikipedia.org/wiki/Darknet. vom 03.12.2017.

[179] Vgl. Borchers. https://www.heise.de/newsticker/meldung/BKA-Herbsttagung-Unsere-IT-muss-besser-werden-3486337.html. vom 16.11.2016.

[180] Vgl. Ebd.

5.1.1 Foren

Foren sind Systeme auf Websites, die es Teilnehmern ermöglichen, miteinander zu kommunizieren. Sie sind Diskussionsplätze, die auf bestimmte Themengebiete fokussiert sind. Die Teilnehmer können dort eigenhändig neue, zum Oberthema passende Themen erstellen.[181] Bis heute bilden Foren den Kernbereich des dschihadistischen Internets und sind immer noch der wichtigste Ort, an dem Materialien veröffentlicht werden, Informationen ausgetauscht und themenbezogene Diskussionen geführt werden.[182] Es wurden in der Vergangenheit mehrfach Foren vom Netz genommen. Das Misstrauen in der Internetszene (Nutzer von Foren) wurde zusehends größer. Wenn es westlichen und arabischen Sicherheitsbehörden gelingen konnte, die wichtigsten Foren durch Hackerangriffe zu schließen, bestand auch die Gefahr, dass neu eingerichtete Foren von eben diesen Behörden betrieben werden. Sympathisanten und Unterstützer mutmaßen, dass sie gelockt werden, um Informationen preiszugeben. Man nenn solche Foren im Jargon der Nachrichtendienste ‚Honigfallen' (honey pots).[183] Bekannt wurde der Fall einer von der CIA betriebenen Seite, die gegen den Willen der Geheimdienste vom amerikanischen Militär geschlossen wurde. Das amerikanische Militär fürchtete, dass die hier verbreitete Propaganda US-Soldaten gefährde.[184]

5.1.2 Facebook, YouTube, Twitter

Seit 2008 hat sich die dschihadistische Präsenz im Internet infolge der technischen Entwicklung weiter entwickelt und multimedial angereichert. Das zeigt sich in der Verwendung und Verbreitung neuer sozialer Medien wie Facebook, Instagram, Twitter und Videoplattformen wie YouTube. Diese neuen Medien erlauben es den Dschihadisten einerseits, Propagandamaterial sehr viel weiter zu verbreiten und größere Zielgruppen zu erreichen als bisher.[185] Außerdem bietet die Interaktivität dieser Medien den Dschihadisten die Möglichkeit, Individuen und Gruppen im Netz gezielt anzusprechen, statt darauf zu warten, dass Internetnutzer auf die

---

[181] Vgl. Gabler Wirtschaftslexikon. http://wirtschaftslexikon.gabler.de/Archiv/78641/forum-v11.html. vom o.J.
[182] Vgl. Steinberg (a) 2012, S. 13.
[183] Vgl. Ebd. S.13.
[184] Vgl. Nakashima. http://www.washingtonpost.com/wp-dyn/content/article/2010/03/18/AR2010031805464.html. vom 19.03.2010.Übersetzung A.R.
[185] Vgl. Weimann 2010, S. 28 f.Übersetzung A.R.

Webseiten zugreifen.[186] Es ist kaum möglich soziale Medien zu nutzen, ohne dass der Nutzer Informationen über sich preisgibt. Dies wiederum ermöglicht eine Verfolgung durch Sicherheitsbehörden. Infolgedessen meiden aktive Terroristen und die wichtigen Propagandisten soziale Netzwerke. Die neuen Medien sind somit vornehmlich ein Tummelplatz der Sympathisanten und Unterstützer.[187] Die wichtigste Neuerung des Internets als Medium für die Nutzung durch potentielle Terroristen besteht darin, dass audio-visuelle Propagandamittel an Bedeutung gewonnen haben. Insbesondere im deutschsprachigen Raum ist dies zu beobachten, wo die Zahl deutscher Videos bzw. der Videos deutscher Rekruten von Al-Qaida und IJU (Islamische Jihad Union[188]) in den letzten Jahren enorm zugenommen hat.[189] In vielen Fällen zeigte sich auch, dass Videos eine wichtige Rolle bei der Radikalisierung und Rekrutierung junger Deutscher spielen. Zur Verbreitung der Videos wurde u.a. die Plattform Youtube genutzt.[190] Die neuen Medien erlauben es, mit einem Minimum an finanziellen Mitteln und wenig Personaleinsatz eine maximale Wirkung zu erzielen.[191]

Facebook ermöglicht es den Dschihadisten[192], gezielt Personenkreise und Einzelpersonen anzusprechen, die bis dato kaum erreicht werden konnten. Dies ist auch die erklärte Absicht dschihadistischer Medienstrategen.[193] Sie haben ihre Unterstützer dazu aufgefordert, in den sozialen Netzwerken Mitglieder zu identifizieren, die für die dschihadistische Ideologie empfänglich sein könnten.[194] Diese sollen dann durch behutsame und langfristige Überzeugungsarbeit empfänglich für die Idee des Dschihad gemacht werden. Allgegenwärtig ist auf Facebook ebenfalls die Bereitschaft zu Diskussion und Meinungsaustausch, in allen auch extremen

---

[186] Vgl. Ebd.
[187] Vgl. Steinberg (a) 2012, S. 14.
[188] Malthaner; Hummel 2012, S. 259.
[189] Vgl. Ebd.
[190] Vgl. Ebd.
[191] Vgl. Eltantawy; Wiest. http://ijoc.org/ojs/index.php/ijoc/article/view/1242/597. vom 26.05.2013.Übersetzung A.R.
[192] Die Dschihadisten nutzen auch Dailymotion, PalTalk, Google+, Yahoo! eGroups, Myspace sowie arabische Netzwerke und vereinzelt Blogs. Diese besitzen jedoch im Wesentlichen die gleichen Merkmale wie die hier diskutierten wichtigsten Plattformen. Vgl. El Difraoui 2012, S. 67 ff.
[193] Vgl. Ebd.
[194] Vgl. Ebd.

Ausprägungen zu finden. Über einen vom jeweiligen Nutzer persönlich geführten Account werden die potenziellen Sympathisanten direkt von rekrutierenden Personen kontaktiert.[195] Hunderttausende Menschen können erreicht und aktiviert werden. Die Kontaktplattform Facebook, die Videoplattform YouTube und der Kurznachrichtendienst Twitter (wird in der Folge erklärt) werden hierzu genutzt[196] Die Plattform Facebook bietet eine Chatfunktionen, also die Möglichkeit des direkten Austauschs zwischen zwei Personen, sowie offene und geschlossene Gruppen verschiedener Thematiken und Fan-Seiten unterschiedlichster Inhalte. Durch die Möglichkeit des Postens[197] von Links und Videos sowie die Nutzung des ‚Gefällt mir'-Buttons (‚Liken') vermittelt das Portal in Echtzeit Informationen über die Aktivitäten und das Selektionsverhalten von Facebook-Freunden sowie geliked Seiten und Gruppen. Aufgrund der Plattformstruktur können Interessenten schnell und einfach identifiziert werden, z. B. durch das Betätigen des ‚Gefällt mir'-Buttons einer ideologisch aufgeladenen Statusmeldung.[198] Den Nutzern sozialer Medien wird das Gefühl gegeben, an völlig legalen und offenen Diskussionen teilzunehmen. Sie sind sich zumeist nicht bewusst, dass sie es mit Dschihadismus-Propagandisten zu tun haben. Die Radikalisierungsversuche folgen ähnlichen Mustern. In den sozialen Netzwerken spüren die ‚Internetdschihadisten' Gruppen auf, deren Mitglieder bereits anti-westliche bzw. anti-israelische Einstellungen vertreten. In einem zu Beginn unverfänglichen Dialog werden die Zielpersonen gelockt und um ihre Meinung gebeten. Ist ein intensiver Transfer im Gange, werden der Islam und vor allem das durch Videos belegte Leiden der Muslime zu Hauptthemen.[199] Es wird versucht, die Diskussion von den offenen Netzwerken in zum Teil passwortgeschützte Foren zu verlagern, was auch die polizeilichen Maßnahmen in diesen Bereichen sehr stark einschränkt.[200] Es existieren Fälle[201], in denen sich hinsichtlich der islamistischen Extremistenszene ein intensiverer Blick auf den Attraktivitätsmoment im Radikalisierungsprozess bezugnehmend auf junge Mädchen lohnt. Unter

---

[195] Vgl. Ebd.
[196] Vgl. Ebd.
[197] Die hier verwendeten Begriffe orientieren sich am Netzjargon. Posten meint das Veröffentlichen von Inhalten, Liken und Teilen, das Hervorheben und Sichtbarmachen von Inhalten für andere Nutzer. Vgl. Jetzke, Kind; Weide 2017, S. 15.
[198] Vgl. Deutsches Institut für Vertrauen und Sicherheit im Internet DIVSI 2016, S. 42 ff.
[199] Vgl. Ebd.
[200] Vgl. Kapitel 5.1.1.
[201] Vgl. Böckler; Zick 2015, S. 107 f.

den Syrienausreisenden, die bis Mitte 2015 registriert wurden, waren elf Prozent weiblich.[202]

YouTube als Videoaustauschportal vereinfacht das Finden und Verbreiten dschihadistischer Videoclips. Fast jedes der Videos, die weltweit über Jahrzehnte produziert wurden, lässt sich heute noch abrufen, von dschihadistischen Predigten bis zu Kampf- und Märtyrervideos. Man kann Videos jedes beliebigen Nutzers abonnieren. So können sich Dschihadismus-Sympathisanten sofort über das Erscheinen neuer Clips benachrichtigen lassen. Zudem bestimmen die Betreiber von YouTube-Kanälen die Auswahl ihrer Videos selbst. Dadurch stoßen Nutzer bei ihrer Suche, etwa nach Filmen von Kundgebungen, auf Videos zu jenem Themenbereich in denen offen zu Gewalt und Tötungen an ‚Ungläubigen' aufgerufen wird[203].[204] Es werden neben Videos auch salafistische und dschihadistische Botschaften zielgruppengerecht in Form von Nashid (arab., Singular, Hymne) bzw. Anashid (Plural, Hymnen) verbreitet. Charakteristisch für Anashid sind salafistische und dschihadistische Kampfgesänge, welche mit Bildern aus Kriegsgebieten oder von heroischen Kriegern hinterlegt sind. Es werden Märtyrertode[205] stilisiert und verherrlicht, zudem wird zur aktiven Teilnahme am gewaltsamen Dschihad auf internationalen Dschihad-Schauplätzen aufgerufen.[206] Unter anderem ist die IS-Medienabteilung Al-Hayat Media Center[207] für die dschihadistische Ansprache des westlichen Publikums zuständig. Sie ist bekannt für aufsehenerregende Hochglanz-Produktionen zu Enthauptungsfilmen[208] und Szenen aus dem Alltag eines

---

[202] Vgl. Ebd.
[203] Vgl. Youtbube. https://www.youtube.com/watch?v=OkbmByiWM9E. vom 02.02.2017.
[204] Vgl. Goertz 2017, S. 69.
[205] Ist der Tod, den jemand erleidet, weil er sich für seinen Glauben einsetzt. Wiktionary. https://de.wiktionary.org/wiki/M%C3%A4rtyrertod. vom 26.06.2017.
[206] Vgl. Goertz 2017, S. 69.
[207] Ist eine Medienstelle des IS und wird als „offizielles Sprachrohr" in fünf Sprachen genutzt um jihadistischen Propagandavideos, sogenannte Anashid (s.o.) und Onlinemagazine des IS zu verbreiten. Vgl. Bundesamt für Verfassungsschutz. https://www.verfassungsschutz.de/de/arbeitsfelder/af-islamismus-und-islamistischer-terrorismus/gemeinsames-internetzentrum-giz. vom 31.07.2015.
[208] Die Terroristen enthaupten Geiseln und stellen Videos davon ins Netz. Allein die Hinrichtung von James Foley wurde auf einer Internetseite, die solche Filme duldet, bisher 1,3 Millionen Mal angesehen. Plus die Klicks bei anderen Portalen. Vgl. Frankfurter Allgemeine. http://www.faz.net/aktuell/politik/is-nutzt-soziale-netzwerke-als-medium-des-terrorismus-13216504.html. vom 20.10.2014.

Mudschaheddins.[209] Die Multiplikation der YouTube-Seiten durch Dschihadisten macht das Sperren und Entfernen einzelner Kanäle fast wirkungslos, da diese jederzeit durch neue Konten mit ähnlichen Inhalten ersetzt werden.[210]

Twitter ist eine Kurznachrichten-Plattform, die es Dschihadisten und ihren Sympathisanten ermöglicht, die ‚neuesten Nachrichten' über den globalen Dschihad in Echtzeit so gut wie überall in der Welt zu verbreiten. Voraussetzung ist es, sogenannte Tweets[211] zu abonnieren. Jeder Verfasser eines Tweets kann Schlüsselwörter bzw. Schlagworte mit einem Hashtag versehen. ‚Hash' ist das englische Wort für das Rautezeichen (#). Anhand der so markierten Wörter lässt sich filtern, welcher Beitrag gerade zum Thema Dschihadismus unter einem bestimmten Hashtag Stellung nimmt. Wird dieser Tweet wiederum von einer bestimmten Anzahl Nutzer abgerufen, wird er als Favorit auf der Homepage von Twitter hervorgehoben und kann auf diese Weise Hunderttausende Nutzer erreichen.[212] Twitter ist für die Dschihadisten mehr als nur ein Propaganda-Instrument. Unter anderem wird Twitter genutzt, um Spendensammlungen zu initiieren.[213] Die Plattform kann Dschihadisten zur Mobilisierung und Planung dienen, ähnlich wie bei den Revolutionen in Ägypten (2011) und Tunesien (2010/2011). Sicherheitsexperten befürchten, die Informationsplattform könnte zur Koordinierung simultaner Anschläge missbraucht werden, etwa indem Attentäter Informationen über Truppenbewegungen ‚tweeten'.[214]

Eine weitere Strategie: Der IS verleibt sich erfolgreiche Hashtags ein, die aus einem harmlosen Kontext wie zum Beispiel der Fußball-WM stammen. So werden IS-Tweets auch von Nutzern gefunden, die nicht danach suchen.[215]

---

[209] Ist eine Bezeichnung für arabische Gotteskrieger. Vgl. Malthaner; Hummel 2012, S. 247.
[210] Vgl. Goertz 2017, S. 69.
[211] Ein Tweet ist eine über Twitter versendete Kurznachricht. Die Kurznachricht darf max. 140 Zeichen lang sein und kann optional um einen Link, ein Foto oder ein Video ergänzt werden. Vgl. SEO-United. https://www.seo-united.de/glossar/tweet/. vom 21.08.2016.
[212] Vgl. Steinberg (c) 2012, S. 70 f.
[213] Vgl. Handelsblatt. http://www.handelsblatt.com/politik/international/propaganda-bei-twitter-facebook-ist-zu-gefaehrlich-fuer-die-terroristen/8625862-2.html. vom 22.08.2013.
[214] Vgl. Federation Of American Scientists S.4. https://fas.org/irp/eprint/mobile.pdf. vom 16.10.2008. Übersetzung A.R.
[215] Vgl. Der Tagesspiegel. http://www.tagesspiegel.de/politik/facebook-twitter-instagram-wieder-islamische-staat-im-internet-kaempft/10814766.html. vom 10.10.2014.

5.1.3 Internetseiten

Der virtuelle Dschihad wird sowohl über Social Media als auch über Webseiten der jeweiligen islamistischen und dschihadistischen Organisationen realisiert.[216] [217] Die Terrormiliz IS bedient sich bei ihrer Propaganda auch an internationalen Internetdomains[218]. Es werden beispielhaft österreichische Domains (mit der Endung .at) genutzt, die als Sprachrohr einer weiteren IS-Medienagentur ‚Amaq' fungieren. Über ‚Amaq' bekennt sich, neben Al-Hayat[219], der IS regelmäßig zu Anschlägen.[220] Weiterhin gibt es ‚Inspire', ein englischsprachiges Online-Magazin[221], das seit Ende der 2000er Jahre publiziert wird. In dem Online-Magazin wurden Anleitungen zum Bau von Bomben und zum gewaltsamen Dschihad publiziert.[222] Das Magazin ist einer von mehreren Kanälen und wird auf einer Webseite veröffentlicht.

5.2 Nutzungsarten des Internets

Salafisten nutzen das Internet als Propaganda- und Kommunikationsmedium. Zahlreiche Seiten sorgen für eine weltweite Verbreitung der salafistischen Ideologie. Die Zahl deutschsprachiger Webseiten ist zudem in den vergangenen Jahren stark angewachsen.[223] Immer mehr salafistische Vereine, Netzwerke und Einzelpersonen richten beispielsweise sogenannte Da´wa[224]-Seiten ein, welche wiederum untereinander vernetzt sind. Diese Internetauftritte sind oftmals mehrsprachig, multimedial und grafisch aufwändig gestaltet.[225] Der problemlose Up- und Download, von z.B. ideologischen Texten, Anleitungen zum Bombenbau,

---

[216] Folgende Webseite kann dazu genannt werden www.way-to-allah.com,
[217] Vgl. Goertz 2017, S. 65.
[218] (engl.) Domäne; Gliederungseinheit im Internet der hierarchisch aufgebauten Rechnernamen. Eine Domain besteht stets aus der Top-Level-Domain (z.B. dem sog. Länderkürzel wie „.de"). Vgl. Gabler Wirtschaftslexikon. http://wirtschaftslexikon.gabler.de/Archiv/4483/domain-v13.html. vom o.J.
[219] Vgl. S. 27
[220] Vgl. Die Presse. https://diepresse.com/home/ausland/aussenpolitik/5199397/IS-nutzt-oesterreichische-Internetseiten-fuer-Propaganda. vom 11.04.2017.
[221] Die Seite ist abrufbar unter http://jihadology.net/, letzter Aufruf durch den Verfasser 11.01.2018.
[222] Vgl. Neumann 2016, S. 92.
[223] Vgl. Rudolph. http://www.kas.de/wf/de/71.15475/. vom o.J.
[224] Da'wa (arabisch) bedeutet Missionierung und Rekrutierung neuer Anhänger durch Propagandaaktivität. In dem Fall über das Medium von Internetseiten. Vgl. Goertz 2017, S. 23.
[225] Vgl. Bayerisches Staatsministerium des Innern 2017, S. 24.

Anleitungen zu Attacken mit Fahrzeugen oder Richtlinien zum (konspirativen) Umgang mit Sicherheitsbehörden kann als Etablierung von virtuellen Trainingscamps gesehen werden.[226]

Weiterhin kann das Internet auch zum Zwecke des ‚Hacking'[227] missbraucht werden. Beispielsweise hinterließen Hacker pro-islamistische Botschaften in den US-Bundesstaaten Maryland und Ohio. Hier wurden mehrere Websites von Regierungsvertretern und staatlichen Behörden angegriffen. Die Angreifer, die im Namen der Terrororganisation IS gehandelt haben, platzierten Videos, Gebetsaufrufe und Solidaritätsbekundungen.[228]

5.2.1 Kommunikationsmittel

Die allgemeine Kommunikation mit Gleichgesinnten, aber auch die spezielle Kommunikation, um sich gegenseitig zu bestärken oder zu unterstützen, ist eine Nutzungsart des Internets. Die Verwendung mobiler Endgeräte wie Smartphones sorgt dafür, dass der Nutzer überall und unabhängig von seinem tatsächlichen Umfeld kommunikationsfähig bleibt. Teilweise wird das Internet als Medium genutzt, um direkte Ansprachen von IS-Oberhäuptern im Vieraugengespräch zu vollziehen. Diese Gespräche sollen dann noch radikalisierender wirken.[229] Eine weitere Möglichkeit der Kommunikation ist das Versenden von Einladungen zu Islamseminaren, Vorträgen, Spendensammelaktionen für Muslime in Kriegsregionen, Koranverteilungen und Prediger-Einladungen.[230]

Sicherheitsexperten beobachten, wie Terroristen soziale Medien und das Internet nicht nur zur Verbreitung ihrer Botschaften nutzen, sondern auch zur Koordination ihrer Anschläge, wie etwa in Paris. Die heimlichen Botschaften werden mit schwer

---

[226] Vgl. Fuchs; Mähler 2015, S. 106.
[227] Es existieren eine Vielzahl und fachwissenschaftliche Definitionen aus dem IT-Bereich. Durch den Verfasser wurde eine alltagssprachliche Definition ausgewählt. Danach ist „hacking"(engl.), „in etwas eindringen". Welche Lücken in fremden Systemen unerlaubt für eigene, oft kriminelle Zwecke wie den Diebstahl von Informationen ausnutzen. Vgl. Gabler Wirtschaftslexikon. http://wirtschaftslexikon.gabler.de/Definition/hacker.html. vom 05.05.2017.
[228] Vgl. Zeit Online. http://www.zeit.de/politik/ausland/2017-06/islamischer-staat-hackerangriff-ohio-maryland-behoerden. vom 26.06.2017.
[229] Vgl. Goertz 2017, S. 77.
[230] Vgl. Ebd. S.65.

zu umgehender Sicherheitstechnik verschlüsselt.[231] Der IS hat die Netzstrategie perfektioniert. Die Kommunikation ist modern und professionell. Das hat, im Vergleich zu anderen (Terror-) Gruppen, eine neue Dimension erreicht. Anstatt selbst Webseiten oder Online-Foren zu betreiben, legen sich die Islamisten Konten bei Netzwerken mit weltweiter Reichweite zu. Die Arbeit der Sicherheitsbehörden wird dadurch erschwert, dass nach dem Schließen eines auffällig gewordenen Accounts postwendend ein anderer Account etabliert wird. Gleichzeitig weichen die Islamisten auf alternative Netzwerke aus, etwa den russischen Facebook-Klon Vkontakte oder Friendica.[232] Ein Beispiel dafür, wie Dschihadisten Smartphones zur Angriffskoordinierung einsetzen, ist z.B. der Anschlag in Mumbai 2008. Die Urheber der Anschläge in Mumbai etwa benutzten zu diesem Zweck Internetprotokoll-Telefonie.[233]

5.2.2 Virtuelle Trainingscamps

Virtuelle Trainingscamps sind eine Art ‚Online'-Camp, in dem Trainingsaktivitäten stattfinden. Dieser Prozess vollzieht sich lediglich im Internet ohne physische Anwesenheit der Nutzer.[234] Es treten Prominente Angehörige der salafistischen Gelehrtennetzwerke als ‚Online-Imame'[235] auf und bieten virtuelle Fortbildungen an, die salafistische Schulungsmaßnahmen vor Ort ergänzen oder sogar ersetzen. Charismatische Führungspersönlichkeiten wirken im Internet als Multiplikatoren der salafistischen Ideologie. Gerade hier werden dschihadistische Predigten angeboten. Es kann als virtuelles Islam-Seminar betrachtet werden.[236]

---

[231] Vgl. Frankfurter Allgemeine. http://www.faz.net/aktuell/politik/kampf-gegen-den-terror/soziale-medien-spielen-bei-rekrutierung-von-terroristen-eine-wichtige-rolle-13955552.html. vom 08.12.2015.

[232] Vgl. Der Tagesspiegel. http://www.tagesspiegel.de/politik/facebook-twitter-instagram-wie-der-islamische-staat-im-internet-kaempft/10814766.html. vom 10.10.2014.

[233] Vgl. Stern. https://www.stern.de/digital/computer/anschlaege-in-mumbai-der-terror-kam-mit-gps-und-voip-3741928.html. vom 03.12.2008.

[234] Vgl. Wortbedeutung.info. http://www.wortbedeutung.info/virtuell/. vom o.J.; Wortbedeutung.info. http://www.wortbedeutung.info/Trainingscamp/. vom o.J.

[235] Als Imam wird der Vorbeter beim islamischen Gebet bezeichnet. Vgl. Infomagazin. http://www.info-magazin.com/?suchbegriff=Imam. vom 30.05.2016.

[236] Vgl. Bayerisches Staatsministerium des Innern 2017, S. 24.

Seit 2005 ist ein Trend zum ‚führerlosen Dschihad'[237] zu beobachten. Dabei waren diejenigen Dschihadisten, die ohne Anleitung einer größeren Organisation operierten, bisher nicht in der Lage, hohe Opferzahlen und damit die erwünschte öffentliche Aufmerksamkeit zu erzielen. Doch gibt es deutliche Anzeichen dafür, dass sich dschihadistische Gruppen und Einzeltäter weiterentwickeln. Der Fall Uka[238] war dabei von Bedeutung, da sich hier der Täter ausschließlich über das Internet radikalisierte und keinen physischen Kontakt zu bekannten Dschihadisten nachgewiesen werden konnte. Dadurch wurde er zu einer neuralgischen Person für die Verfechter des ‚führerlosen Dschihad'.[239] Als Anschauungsbeispiel soll ein Blick in Ausgaben des schon beschriebenen Online-Magazins Inspire[240] dienen. In Ausgabe 6 (2011) [241] finden sich Trainingstipps für den Umgang mit einer AK 47 (vgl. Anhang 1)[242] sowie unter der Überschrift ‚OSJ[243] Bomb School', eine mehrseitige Anleitung zur Herstellung von Acetonperoxid (vgl. Anhang 2)[244], einem wirkmächtigen Sprengstoff. Beide Anleitungen sind bebildert, leicht verständlich formuliert und ansprechend dargestellt.

In Ausgabe 8 (2012) [245] findet man eine Anleitung zum Bau eines Fernzünders sowie dessen Verwendung mit einem sogenannten ‚Improvised Explosive Device' (IED), einer unkonventionellen Sprengvorrichtung (vgl. Anhang 3).

---

[237] Der Begriff wurde geprägt von Sageman, Leaderless Jihad. Terror Networks in the Twenty-First Century, Philadelphia: University of Pennsylvania Press, 2008.
[238] Der Anschlag von Arid Uka, der am 2. März 2011 am Frankfurter Flughafen zwei amerikanische Soldaten erschoss.
[239] Vgl. Steinberg (b) 2012, S. 5.
[240] Vgl. Kapitel 5.1.3
[241] Vgl. Inspire Ausgabe 6. https://azelin.files.wordpress.com/2011/09/inspire-magazine-6.pdf. vom o.J. S.35 ff. Übersetzung A.R.
[242] Auch Kalaschnikow, ist ein sowjetisch-russisches Sturm- und Maschinengewehr. Wikipedia. https://de.wikipedia.org/wiki/Kalaschnikow. vom 26.12.2017.
[243] Open Source Jihad, quelloffener Jihad, Übersetzung A.R.
[244] Vgl. Inspire Ausgabe 6. https://azelin.files.wordpress.com/2011/09/inspire-magazine-6.pdf. vom o.J. S.39-45. Übersetzung A.R.
[245] Vgl. Inspire Ausgabe 8. https://azelin.files.wordpress.com/2012/05/inspire-magazine-8.pdf. vom o.J. S.28 ff. Übersetzung A.R.

5.2.3 Rechtfertigungsmedium

Wichtige Erklärungen und Bekennerschreiben der Al-Qaida wurden Ende der 1990er Jahre per Fax an eine palästinensische Tageszeitung in London geschickt.[246] Mittlerweile nutzen Tätergruppen das Internet, um Bekennermitteilungen mit möglichst großer Reichweite in Umlauf zu bringen. Einen Tag nach dem Anschlag auf den Berliner Weihnachtsmarkt (vgl. Fußnote 37) veröffentlichte der islamische Staat über seine ihm nahestehende Medienstelle Amaq eine Erklärung, in der sich der IS zu der Tat bekannte. Wenige Tage später erfolgte die Veröffentlichung eines Videos, in dem der Täter einen Treueeid auf einen IS-Anführer ablegt.[247] Die dargestellten verschiedenen Medien (vgl. Kapitel 5.1) geben die Möglichkeit, sich zu Anschlägen zu bekennen oder sich von diesen zu distanzieren.[248] In diesem Kapitel wurde dargestellt wie vielseitig und eklatant wichtig das Internet mit seinen Funktionen für einen virtuellen Dschihad ist. Die daraus resultierende Wichtigkeit für eine Radikalisierung kann hierdurch eindeutig abgeleitet werden.

---

[246] Vgl. Steinberg (a) 2012, S. 10.
[247] Vgl. Goertz 2017, S. 73.
[248] Vgl. Ebd. S.68.

6 Fazit

Das Thema Terrorismus nimmt in den letzten Jahren breiten Raum in der Gesellschaft und der Politik ein. In dieser Arbeit wurden, unter Berücksichtigung vorangegangener Forschungen, Faktoren eruiert, die einer möglichen Radikalisierung zum islamistischen Terror zu Grunde liegen und die besondere Rolle des Internets im Prozess der Radikalisierung herausgearbeitet mit dem Ergebnis, dass sich eindeutige Faktoren finden lassen, die Einfluss auf die Bereitschaft zur Radikalisierung haben. Dem Internet kommt im Terrorismus ein besonderer Stellenwert zu, durch dessen ständige Verfügbarkeit und die vielfältigen Nutzungsmöglichkeiten. Nahezu anonym bestehen für Terroristen Handlungsoptionen, um neue Anhänger für den Terror zu rekrutieren, Informationen auszutauschen und zu verbreiten, sowie die Option des anonymen Kaufs verschiedener wichtiger Utensilien für Terrorakte.

Der derzeitige Forschungsstand zum Thema Radikalisierung im dschihadistischen Spektrum ist ausbaufähig. Das Beschaffen von Daten gestaltet sich schwierig, da sich zukünftige Terroristen nicht für Interviews zur Verfügung stellen und sich die Faktoren, die die Radikalisierungsbereitschaft bedingen, im Nachhinein nur noch schwer rekonstruieren lassen. Im Rahmen dieser Arbeit wurden Risikofaktoren im Radikalisierungsprozess identifiziert, die als Instrument genutzt werden können, um individuelle Risikobewertungen durchzuführen, um Gefährder und/oder relevante Personen führzeitig zu erkennen und um potenzielle Täter an der Tatausführung zu hindern. Allerdings können sie lediglich als Indikatoren dienen, da die Verläufe der Radikalisierung immer in einem sehr individuellen Kontext betrachtet werden müssen.

Räume, in denen der Terrorismus ungehindert wachsen kann, gibt es viele. Alle Attentäter eint der Glaube zum Islam. In Moscheen finden Menschen mit dem Willen, sich im dschihadistischen Terrorismus zu engagieren, Anlaufstellen fernab vom Rest der Gesellschaft. Menschen mit Migrationshintergrund erleben oft Ausgrenzung auf Grund ihrer Herkunft oder Religion. In Glaubensgruppierungen erfahren sie das Gefühl des Verstandenwerdens. Durch Flucht oder das Weggehen aus der Heimat sind Familienverbunde oft zerrissen, die Gemeinschaft der Glaubenden vermittelt den potenziellen Terroristen das Gefühl familiärer Strukturen und erleichtert den Akteuren die Radikalisierung.

Die Imame als Ansprechpartner und Instanz für das richtige Verhalten vor Gott, nehmen eine besondere Rolle ein. Ihre Aussagen und Anweisungen genießen Ansehen und werden von den Glaubenden als gegeben hingenommen.

Der Einflussfaktor der Religion verknüpft alle Faktoren untereinander, da er Grundlage für eine Ideologie ist, die zu einer Gewaltbereitschaft oder Gewaltausübung führen kann. Dabei stellen Orte wie Moscheen oder Kulturvereine den Raum, um eine Indoktrinierung zu realisieren. Besonders anfällig für eine Radikalisierung sind Männer mit Migrationshintergrund zwischen 15 und 40 Jahren. Jedoch sind auch Jugendliche besonders für eine Radikalisierung gefährdet, da sie häufig in der Adoleszenz oder aufgrund jugendlicher Delinquenz eine Identitätskrise bewältigen. Innerhalb dieser Phasen sind sie stark empfänglich für die verbreitete Doktrin. Die Bewältigung einer Identitätskrise wird oft als ein vitaler Einflussfaktor erkannt, weil der Glaube an einen Gott dabei hilft, Identitätskrisen zu bewältigen. Der Bildungsstand, Gefängnisaufenthalte, der berufliche Status oder eine kriminelle Vorgeschichte, sind von geringer Bedeutung. In diesen Aspekten gehen die Forschungsmeinungen aber stark auseinander. Dennoch können diese Einflüsse ein auslösender Bestandteil sein. Einen ebenso starken Einfluss haben soziale Beziehungen, insbesondere Familie, Freunde, Peer Groups oder Bekannte. Eine fehlgeschlagene Integration, Diskriminierungs- und Ausgrenzungserfahrungen, psychische Erkrankungen oder ein dysfunktionaler Familienhintergrund können als kein einschlägiger Faktor erkannt werden. Häufig sind aber ein unsoziales aggressives Vorverhalten und Brüche in sozialen Beziehungen, Bildungs- und Sozialisationsverläufen erkennbar.

Legitimation der Arbeit war unter anderem die unzureichende Datenlage. Die Forschungslage ist ausbaufähig und der Zugang zu validen Daten gestaltet sich schwierig. Die Möglichkeit der Literaturrecherche in wissenschaftlichen Datenbanken ist nicht gegeben, weiterhin gibt es selten eine Option auf den Zugriff polizeilicher Ermittlungsergebnisse oder die Akten unterliegen dem VS-NfD-Status.

In dieser Arbeit sind nicht nur Risikofaktoren im dschihadistischen Radikalisierungsprozess dargestellt worden. Es wurden Grundlegende Begriffe zu Beginn der Arbeit definiert. Das sollte auch dazu dienen eine Differenzierung vom Islam und islamistisch motiviertem Extremismus/Terrorismus vorzunehmen, um damit auch den zunehmend islamfeindlichen Diskurs zu minimieren. Die Bekämpfung von Islamfeindlichkeit, zu der auch das Vermeiden der Stereotypisierung und der Islamisierung von Muslimen gehört, ist deshalb von Bedeutung, weil Islamfeindlichkeit durch eine Gleichsetzung von Islamismus, Salafismus, Terrorismus mit ‚dem Islam' und sämtlichen Muslime befeuert wird.[249]

Es ist in der Gesamtheit festzustellen, dass es vielfältige Radikalisierungsverläufe und Auslöser gibt. Ein einheitliches Profil islamistischer Terroristen kann nicht festgelegt werden. Die Erstellung eines Kataloges von wahrnehmbaren und allgemeingültigen Indikatoren, die eine Früherkennung der Täter unterstützen würde, ist auf Basis von Situativfaktoren, Persönlichkeits- oder Verhaltensmerkmalen nicht möglich. Lediglich Tendenzen können erkannt werden.

---

[249] Vgl. Goertz 2017, S. 148.

Literaturverzeichnis

Buchquellen

Abou Taam, Marwan (2014): Salafismus in Deutschland – Eine Herausforderung für die Demokratie. In: o.A. Zeitschrift für internationale Strafrechtsdogmatik, 9/2014. Mainz: o.A., 442-449.

Argyle, Michael (1990): Soziale Beziehungen. In: Stroebe, Hewstone, Stephenson; Codol. Sozialpsychologie. Eine Einführung. Berlin, Heidelberg: Springer-Verlag, 232-257.

Aslan, Akkilic; Hämmerle (2017): Islamistische Radikalisierung. Biografische Verläufe im Kontext der religiösen Sozialisation und des radikalen Milieus. Wien: Springer Verlag VS.

Bayerisches Staatsministerium des Innern, für Bau und Verkehr (2017): Salafismus.Prävention durch Information.Fragen und Antworten.Flyer. München: Abteilung Verfassungsschutz, Cybersicherheit in Zusammenarbeit mit dem Bayerischen Landesamt für Verfassungsschutz.

Böckler, Nils; Zick, Andreas (2015): Wie gestalten sich Radikalisierungsprozesse im Vorfeld jihadistisch-terroristischer Gewalt? Perspektiven aus der Forschung. In: Arbeitsergebnisse eines Expertengremiums. Handlungsempfehlungen zur Auseinandersetzung mit islamistischem Extremismus und Islamfeindlichkeit. Berlin: Friedrich-Ebert-Stiftung, 99-122.

Böhm, Winfried; Seichter, Sabine (2018): Wörterbuch der Pädagogik.17. Auflage. o.O.: Ferdinand Schöningh. Brill-Gruppe.

Brettfeld, Katrin; Wetzels, Peter (2007): Muslime in Deutschland. Integration, Integrationsbarrieren, Religion sowie Einstellung zu Demokratie, Rechtsstaat und politisch-religiös motivierter Gewalt. Hamburg: Universität Hamburg.

Bundesministerium des Inneren (Hrsg.) (2017): Verfassungsschutzbericht 2016. Berlin: Bundesamt für Verfassungsschutz.

Deutsches Institut für Vertrauen und Sicherheit im Internet DIVSI (2016): Radikalisierung Jugendlicher über das Internet?. Hamburg: Deutsches Institut für Vertrauen und Sicherheit im Internet (DIVSI).

Ditton, Hartmut ; Maaz, Kai (2011): Sozioökonomischer Status und soziale Ungleichheit. In: Reinders, Gräsel, Ditton; (Hrsg.), Gniewosz Empirische Bildungsforschung. Gegenstandsbereiche.1. Auflage. Wiesbaden: Springer Fachmedien Wiesbaden GmbH, 193-208.

El Difraoui, Asiem (2012): Web 2.0 – mit einem Klick im Medienjihad. In: Steinberg (Hrsg.), Guido Jihadismus und Internet.Eine deutsche Perspektive. Berlin: Stiftung Wissenschaft und Politik, 7-22.

Europol (2017): EUROPEAN UNION TERRORISM SITUATION AND TREND REPORT 2017. o.O: Europol.

Fahim, Amir Alexander (2013): Migrationshintergrund und biografische Belastungen als Analysekriterien von Radikalisierungsprozessen junger Muslime in Deutschland. In: Herding (Hrsg.), Maruta Radikaler Islam im Jugendalter- Erscheinungsformen, Ursachen und Kontexte. Halle (Saale): Deutsches Jugendinstitut e.V., 40-56.

Frindte, Wolfgang (2011): Radikalismus und Extremismus. In: Bundesministerium des Inneren (Hrsg.) Lebenswelten junger Muslime in Deutschland. o.O: Bundesministerium des Inneren, 14-38.

Fuchs, Peter; Mähler, Michael (2015): Durch Ideologie zum Terrorismus. Salafismus und Radikalisierung von "Homegrown Terrorists". In: Artkämper (Hrsg.), Heiko; Clages, Horst Kriminalitätsbekämpfung-Ein Blick in die Zukunft. Band 5. o.O: Richard Boorberg Verlag, 83-112.

Goertz, Stefan (2017): Islamitsischer Terrorismus. Analyse-Definition-Taktik. Heidelberg: C.F.Müller GmbH.

Goertz, Stefan; Maninger, Stephan (2016): Der Islamische Staat als Bedrohung für Europa. Islamistischer Terrorismus: Seine Strategie, seine Taktik, seine Akteure. In: Polizei und Wissenschaft. Ausgabe 03/2016. o.O.: Hochschule des Bundes, 29-42.

Hegemann, Hendrik; Kahl, Martin (2018): Terrorismus und Terrorismusbekämpfung.Eine Einführung. Wiesbaden: Springer Fachmedien GmbH.

Heidbrink, Horst, Lück, Helmut, E.; Schmidtmann, Heide (2009.): Psychologie sozialer Beziehungen.1. Auflage. Stuttgart: W.Kohlhammer GmbH.

Herding (Hrsg.), Maruta (2013): Radikaler Islam im Jugendalter- Erscheinungsformen, Ursachen und Kontexte. Halle (Saale): Deutsches Jugendinstitut e.V..

Horgan, John; Braddock, Kurt (2010): Rehabilitating the Terrorists? Challenges in Assessing the Effectiveness of De-radicalization Programs. In: Terrorism and Political Violence. 22. Auflage. o.O: Routledge, 267-291.

Jetzke, Tobias, Kind, Sonja ; Weide, Sebastian (2017): Social Bots in den sozialen Medien. In: Wittpahl (Hrsg.), Volker Digitale Souveränität.Bürger | Unternehmen | Staat. Berlin: Springer Verlag, 15-26.

Khosrokhavar, Farhad (2016): Radikalisierung. Bonn: Bundeszentrale für politische Bildung.

Leidner, Bernhard (2017): Dehumanisierung. In: Wirtz (Hrsg.), Markus Antonius Dorsch – Lexikon der Psychologie. 18. Auflage. Bern: Hogrefe Verlag, 355.

Lützinger, Saskia; BKA (Hrsg.) (2010): Die Sicht der Anderen. Eine qualitative Studie zu Biographien von Extremisten und Terroristen. Köln: Wolters Kluwer Deutschland GmbH.

Malthaner, Stefan; Hummel, Klaus (2012): Radikale Milieus.Das soziale Umfeld terroristischer Gruppen.Band 6. In: Malthaner, Stefan; Peter, Waldmann (Hrsg.) Islamistischer Terrorismus und salafistische Milieus.Die Sauerland-Gruppe und ich soziales Umfeld. Frankfurt am Main: Campus Verlag GmbH, 245-278.

Mayring, Philipp (2002): Einführung in die qualitative Sozialforschung.Eine Anleitung zum qualitativen Denken. Weinheim: Beltz GmbH.

Nagie (Hrsg.), Ibrahim Abou (2012): Der edle Qur'an. Die ungefähre Bedeutung in deutscher Sprache.. Köln: o.V..

Neumann, Peter R. (2016): Der Terror ist unter uns. Dschihadismus und Radikalisierung in Europa. Berlin: Ullstein Buchverlage GmbH.

Peters, Uwe Henrik (2017): Lexikon Psychiatrie, Psychotherapie, Medizinische Psychologie.7 Auflage. München: Elsevier.

Schiefer, David, Möllering, Anna; Geschke, Daniel (2013): Muslimisch-deutsche Lebenswelten in Zeiten von Terrorismus(-verdacht): Eine Mehrgenerationenfallstudie. In: Herding (Hrsg.), Maruta Radikaler Islam im Jugendalter- Erscheinungsformen, Ursachen und Kontexte. Halle (Saale): Deutsches Jugendinstitut e.V., 125-144.

Silber, Mitchell; Bhatt, Arvin (2007): Radicalization in the West.The Homegrown Threat. o.O: New York City Police Department.

Steinberg (a), Guido (2012): Jihadismus und Internet.Eine Einführung. In: Steinberg (Hrsg.), Guido Jihadismus und Internet.Eine deutsche Perspektive. Berlin: Stiftung Wissenschaft und Politik, 7-22.

Steinberg (b), Guido (2012): Problemstellung und Empfehlungen. In: Steinberg (Hrsg.), Guido Jihadismus und Internet.Eine deutsche Perspektive. Berlin: Stiftung Wissenschaft und Politik, 5-6.

Steinberg (c), Guido (2012): Web 2.0 – mit einem Klick im Medienjihad. In: Steinberg (Hrsg.), Guido Jihadismus und Internet.Eine deutsche Perspektive. Berlin: Stiftung Wissenschaft und Politik, 67-76.

Tilly, Charles (2004): Terror, Terrorism, Terrorists. In: Sociological Theory. Volume 22. Wisconsin-Madison.USA: American Sociological Association, 5-13.

von Wensierski, Hans-Jürgen; Lübcke, Claudia (2013): Jugend, Jugendkultur und radikaler Islam – Gewaltbereite und islamistische Erscheinungsformen unter jungen Musliminnen und Muslimen in Deutschland. In: Herding (Hrsg.), Maruta Radikaler Islam im Jugendalter- Erscheinungsformen, Ursachen und Kontexte. Halle (Saale): Deutsches Jugendinstitut e.V., 57-78.

Weber, Max; Winckelmann (Hrsg.), Johannes (1921/1972): Wirtschaft und Gesellschaft.Grundriss der verstehenden Soziologie.5.Auflage. Tübingen: Mohr Siebeck.

Weimann, Gabriel (2010): Terrorist Facebook.Terrorists and Online Social Networking. In: Last, Mark; Kandel (Hrsg.), Abraham Web Intelligence and Security. Advances in Data and Text Mining Techniques for Detecting and Preventing Terrorist Activities on the Web. Amsterdam u.a.: IOS Press, 19-29.

Wentker, Sibylle (2008): Fundamenatlismus und Islamismus.Definition und Abgrenzung. In: Feichtinger, Walter; Wentker(Hrsg.), Sibylle: Islam, Islamismus, islamischer Extremismus. Band 1. Wien/Köln/Weimar: Böhlau, 33-44.

Internetquellen

Al-Lami, Mina. (31.01.2009): Studies of Radicalisation.State of the Field Report.Politics and International Relations Working Paper.. <https://static1.squarespace.com/static/566d81c8d82d5ed309b2e935/t/567ab488b204d58613bf92aa/1450882184032/Studies_of_Radicalisation_State_of_the_F.pdf> (11.12.2017).

Bildungsinitiative Queerformat. (2012): Publikationen. Glossar zum Thema geschlechtliche und sexuelle Vielfalt im Kontext von Antidiskriminierung und Pädagogik. <http://www.queerformat.de/fileadmin/user_upload/news/120622_SexuelleVielfalt_Glossar.pdf> (03.01.2018).

Borchers, Detlef . (16.11.2016): Heise Online.BKA-Herbsttagung.Unsere IT muss besser werden. <https://www.heise.de/newsticker/meldung/BKA-Herbsttagung-Unsere-IT-muss-besser-werden-3486337.html> (10.01.2018).

Bundesamt für Verfassungsschutz. (26.09.2017): Gemeinsames Internetzentrum (GIZ). <https://www.verfassungsschutz.de/de/arbeitsfelder/af-islamismus-und-islamistischer-terrorismus/gemeinsames-internetzentrum-giz> (09.01.2018).

— . (31.07.2015): BfV-Newsletter Nr. 2/2015 - Thema 8. Relevanz deutschsprachiger Übersetzungen von Propaganda des „Islamischen Staates" (IS). <https://www.verfassungsschutz.de/de/arbeitsfelder/af-islamismus-und-islamistischer-terrorismus/gemeinsames-internetzentrum-giz> (13.02.2018).

Bundesgerichtshof. (24.01.2013): Mitteilung der Pressestelle. Nr. 14/2013. Bundesgerichtshof erkennt Schadensersatz für den Ausfall eines Internetanschlusses zu. <http://juris.bundesgerichtshof.de/cgi-bin/rechtsprechung/document.py?Gericht=bgh&Art=pm&pm_nummer=0014/13> (13.02.2018).

Bundeskriminalamt. (o.J): Internetkriminalität.Cybercrime. <https://www.bka.de/DE/UnsereAufgaben/Deliktsbereiche/Internetkriminalitaet/internetkriminalitaet_node.html> (10.01.2018).

Der Tagesspiegel. (10.10.2014): Wie der "Islamische Staat" im Internet kämpft. <http://www.tagesspiegel.de/politik/facebook-twitter-instagram-wieder-islamische-staat-im-internet-kaempft/10814766.html> (11.01.2018).

Die Presse. (11.04.2017): IS nutzt österreichische Internetseiten für Propaganda. <https://diepresse.com/home/ausland/aussenpolitik/5199397/IS-nutzt-oesterreichische-Internetseiten-fuer-Propaganda> (11.01.2018).

Duden. (10.06.2016): <https://www.duden.de/rechtschreibung/Sure> (26.10.2017).

Eltantawy, Nahed; Wiest, Julie B.. (26.05.2013): International Journal of Communication.Social Media in the Egyptian Revolution.Reconsidering Resource Mobilization Theory. <http://ijoc.org/ojs/index.php/ijoc/article/view/1242/597> (10.01.2018).

Federation Of American Scientists S.4. (16.10.2008): Supplementalto the 304th Ml Bn Periodic Newsletter.AlQaida-Like Mobile Discussions & Potential Creative Uses. <https://fas.org/irp/eprint/mobile.pdf> (11.01.2018).

Fegert, Jörg M. . (30.07.2016): Neurologen und Psychiater im Netz.Adoleszenz: Identitätsentwicklung und Identitätskrisen. <https://www.neurologen-und-psychiater-im-netz.org/kinder-jugend-psychiatrie/warnzeichen/adoleszenz-adoleszenzkrisen/identitaetsentwicklung-und-identitaetskrisen> (04.01.2018).

—. (01.11.2016): Neurologen und Psychiater im Netz. Pubertät und Adoleszenz. Körperliche und psychosoziale Reifung.
<https://www.neurologen-und-psychiater-im-netz.org/kinder-jugend-psychiatrie/warnzeichen/adoleszenz-adoleszenzkrisen/pubertaet-und-adoleszenz/> (04.01.2018).

Frankfurter Allgemeine. (20.10.2014): TERRORMILIZ „ISLAMISCHER STAAT":Soziale Netzwerke als Waffen.
<http://www.faz.net/aktuell/politik/is-nutzt-soziale-netzwerke-als-medium-des-terrorismus-13216504.html> (10.01.2018).

—. (08.12.2015): IS-Propaganda im Netz.Die Sorge vor einem Online-Kalifat.
<http://www.faz.net/aktuell/politik/kampf-gegen-den-terror/soziale-medien-spielen-bei-rekrutierung-von-terroristen-eine-wichtige-rolle-13955552.html> (12.01.2018).

Gabler Wirtschaftslexikon. (o.J): Definition Internet.
<http://wirtschaftslexikon.gabler.de/Archiv/9169/internet-v16.html> (02.01.2018).

—. (o.J): Definition FTP.
<http://wirtschaftslexikon.gabler.de/Archiv/54828/ftp-v10.html> (02.01.2018).

—. (o.J): Definition Wolrd Wide Web.
<http://wirtschaftslexikon.gabler.de/Archiv/74922/world-wide-web-www-v14.html> (02.01.2018).

—. (30.06.2017): Defintion Psychologie.
<http://wirtschaftslexikon.gabler.de/Definition/psychologie.html> (04.01.2018).

—. (o.J): Definition Forum.
<http://wirtschaftslexikon.gabler.de/Archiv/78641/forum-v11.html> (10.01.2018).

—. (05.05.2017): Definition Hacker.
<http://wirtschaftslexikon.gabler.de/Definition/hacker.html> (12.01.2018).

—. (05.05.2017): Definition Peer Group.
<http://wirtschaftslexikon.gabler.de/Archiv/14589/peer-group-v8.html> (10.02.2018).

—. (05.05.2017): Definition Segregation.
<http://wirtschaftslexikon.gabler.de/Archiv/5477/segregation-v8.html>
(10.02.2018).

—. (o.J): Definition Domain.
<http://wirtschaftslexikon.gabler.de/Archiv/4483/domain-v13.html>
(13.02.2018).

Griffin, Andrew. (15.01.2015): Independent.
<http://www.independent.co.uk/life-style/gadgets-and-tech/news/charlie-hebdo-france-hit-by-19000-cyberattacks-since-paris-shootings-in-unprecedented-hacking-9980634.html> (01.01.2018).

Handelsblatt. (22.08.2013): PROPAGANDA BEI TWITTER.Die Medien-Mujaheddin.
<http://www.handelsblatt.com/politik/international/propaganda-bei-twitter-facebook-ist-zu-gefaehrlich-fuer-die-terroristen/8625862-2.html> (11.01.2018).

Herding, Langner; Glaser. (15.09.2015): Bundeszentrale für politische Bildung. Junge Menschen und gewaltorientierter Islamismus – Forschungsbefunde zu Hinwendungs- und Radikalisierungsfaktoren.
<http://www.bpb.de/politik/extremismus/radikalisierungspraevention/212082/faktoren-fuer-die-hinwendung-zum-gewaltorientierten-islamismus> (23.12.2017).

Infomagazin. (30.05.2016): Definition Imam. <http://www.info-magazin.com/?suchbegriff=Imam> (12.01.2018).

Inspire Ausgabe 6. (o.J): <https://azelin.files.wordpress.com/2011/09/inspire-magazine-6.pdf> (12.01.2018).

Inspire Ausgabe 8. (o.J): <https://azelin.files.wordpress.com/2012/05/inspire-magazine-8.pdf> (12.01.2018).

Institut der deutschen Wirtschaft Köln Medien GmbH. (o.J): Wirtschaft und Schule. Wirtschaftslexikon. Alter/Altern.
<http://www.wirtschaftundschule.de/lehrerservice/lexikon/a/alter-altern/> (03.01.2018).

Islam-Info. (24.03.2017): <http://www.islam-info.ch/de/Dschihad.htm> (26.10.2017).

Nakashima, Ellen. (19.03.2010): Dismantling of Saudi-CIA Web site illustrates need for clearer cyberwar policies. Washington Post. <http://www.washingtonpost.com/wp-dyn/content/article/2010/03/18/AR2010031805464.html> (10.01.2018).

Nischler, Christiane. (31.03.2006): Die Kriminalpolizei. Wie kommt es vom Islamismus zum islamistischen Terrorismus?. <https://www.kriminalpolizei.de/ausgaben/2006/maerz/detailansicht-maerz/artikel/wie-kommt-es-vom-islamismus-zum-islamistischen-terrorismus.html> (26.10.2017).

Politik-Lexikon. (o.J.): http://www.politik-lexikon.at/print/dschihadismus/> (26.10.2017).

Religionen-Entdecken.de. (o.J): Moschee. <https://www.religionen-entdecken.de/lexikon/m/moschee> (02.01.2018).

Richter, Claus. (23.07.2016): Richter Publizistik. <https://crp-infotec.de/ideologie-radikalismus-extremismus-terrorismus/> (30.11.2017).

Rudolph, Ekkehard . (o.J): Konrad-Adenauer-Stiftung.Kommunikation und Öffentlichkeitsarbeit im deutschsprachigen Salafismus. <http://www.kas.de/wf/de/71.15475/> (13.02.2018).

SEO-United. (o.J): Definition IRC. <https://www.seo-united.de/glossar/irc/> (02.01.2018).

— . (21.08.2016): Was ist Tweet. <https://www.seo-united.de/glossar/tweet/> (11.01.2018).

Stern. (03.12.2008): Anschläge in Mumbai.Der Terror kam mit GPS und VoIP. <https://www.stern.de/digital/computer/anschlaege-in-mumbai-der-terror-kam-mit-gps-und-voip-3741928.html> (12.01.2018).

Süddeutsche Zeitung. (06.05.2012): Eine Explosion der Gewalt, die wir lange nicht erlebt haben. <http://www.sueddeutsche.de/politik/eskalation-zwischen-salafisten-und-rechten-pro-nrw-aktivisten-eine-explosion-der-gewalt-die-wir-lange-nicht-erlebt-haben-1.1349490> (21.02.2018).

Suhr, Frauke. (08.09.2017): Statista.Das Statistik-Portal.Die größten Ängste der Deutschen 2017. <https://de.statista.com/infografik/11013/die-aengste-der-deutschen-2017/> (25.02.2018).

Technische Universität Wien. (29.07.2013): Sex und Gender – der Unterschied: biologisches Geschlecht und soziales Geschlecht sind distinkte Begriffe. <http://www.geschlecht-und-innovation.at/begriffe/sex_und_gender_der_unterschied/> (03.01.2018).

Verfassungsschutz Nordrhein-Westfalen. (31.11.2011): Konvertiten – im Fokus des Verfassungsschutzes?. <http://www.mik.nrw.de/fileadmin/_migrated/content_uploads/Konvertiten_-_im_Fokus_des_Verfassungsschutzes_01.pdf> (14.03.2018).

Wikipedia. (26.01.2017): Wikipiedia.Extrapol. <https://de.wikipedia.org/wiki/Extrapol> (11.12.2017).

—. (03.12.2017): Darknet. <https://de.wikipedia.org/wiki/Darknet> (10.01.2018).

—. (26.12.2017): Kalaschnikow. <https://de.wikipedia.org/wiki/Kalaschnikow> (12.01.2018).

Wiktionary. (26.06.2017): Märtyrertod. <https://de.wiktionary.org/wiki/M%C3%A4rtyrertod> (11.01.2018).

Wissen.de. (o.J): Glaube und Religionen. <http://www.wissen.de/glaube-und-religionen> (02.01.2018).

Wortbedeutung.info. (o.J): Prediger (Deutsch). <http://www.wortbedeutung.info/Prediger/> (02.01.2018).

—. (o.J): Trainingscamp (Deutsch). <http://www.wortbedeutung.info/Trainingscamp/> (13.02.2018).

—. (o.J): Faktor (Deutsch). <http://www.wortbedeutung.info/Faktor/> (04.01.2018).

—. (o.J): virtuell (Deutsch). <http://www.wortbedeutung.info/virtuell/> (13.02.2018).

Youtbube. (02.02.2017): "Ich bin bereit für Allah zu töten" - "Deutschland gehört Allah" - "Jesus war Moslem". <https://www.youtube.com/watch?v=OkbmByiWM9E> (10.01.2018).

Zeit Online. (25.07.2016): Anschlag in Ansbach. <http://www.zeit.de/gesellschaft/zeitgeschehen/2016-07/ansbach-explosion-sprengstoff> (23.12.2017).

—. (18.07.2016): Der Mythos vom einsamen Wolf. <http://www.zeit.de/politik/ausland/2016-07/terrorismus-einsamer-wolf-anschlaege/seite-3> (23.12.2017).

—. (19.12.2016): Was wir über den Anschlag in Berlin wissen. <http://www.zeit.de/gesellschaft/zeitgeschehen/2016-12/berlin-breitscheidplatz-gedaechtniskirche-weihnachtsmarkt> (23.12.2017).

—. (26.06.2017): Islamischer Staat.Hackerangriff auf Websites von US-Behörden. <http://www.zeit.de/politik/ausland/2017-06/islamischer-staat-hackerangriff-ohio-maryland-behoerden> (12.01.2018).

—. (23.05.2017): Selbstmordattentat.Polizei fahndet nach den Helfern des Attentäters. <http://www.zeit.de/gesellschaft/zeitgeschehen/2017-05/selbstmordattentat-manchester-terror-fragen-antworten-ueberblick> (22.01.2018).

—. (01.11.2017): Manhattan.Eine Deutsche bei Anschlag in New York verletzt. <http://www.zeit.de/gesellschaft/zeitgeschehen/2017-11/manhattan-anschlag-new-york-kleinlaster-deutsche-verletzt> (22.01.2018).

—. (11.05.2015): Drei Tage Terror in Paris. <http://www.zeit.de/feature/attentat-charlie-hebdo-rekonstruktion> (01.01.2018).

Anhang

Anhang 1
Inspire Ausgabe 6. https://azelin.files.wordpress.com/2011/09/inspire-magazine-6.pdf. vom o.J.

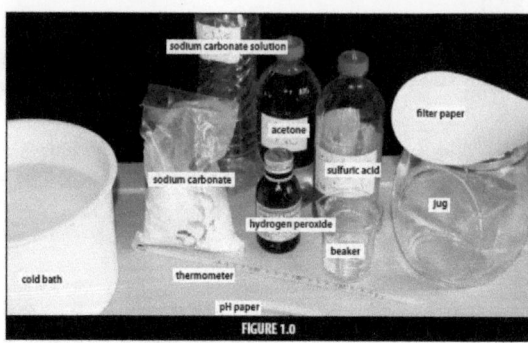

FIGURE 1.0
All of the parts you will be required to have are shown. What is not shown here is that you can choose to have any kind of dropper for the experiment.

REMEMBER
To make sodium carbonate solution, mix sodium carbonate with water as shown in step 7.

IMPORTANT
Make sure to wear your safety gear that includes gloves and goggles. If your hair is long, tie it back. If any of the chemicals get on your hands, make sure to wash it off immediately. After you're done with the experiment, wash the entire area and the items thoroughly.

Preparation:

The rule is to use 6 times as much the quantity of pure acetone with its equivalent pure H_2O_2. So if you are using 20ml 100% H_2O_2, you would add to it 120ml 100% acetone. The acid is added to facilitate the reaction.

So for 3% H_2O_2: Use 50ml H_2O_2 + 9ml acetone + 10-20ml Sulfuric acid. See Table 1.1 below for details.

You will need a glass beaker, ice cold water (cold bath) and a thermometer.

1. Add the needed amount of acetone according to the concentration of the H_2O_2 as seen in Figure 1.1. Refer to Table 1.1 for the method of pouring.
2. Pour H_2O_2 into a beaker.

Anhang 2

Inspire Ausgabe 6. https://azelin.files.wordpress.com/2011/09/inspire-magazine-6.pdf. vom o.J.

Anhang

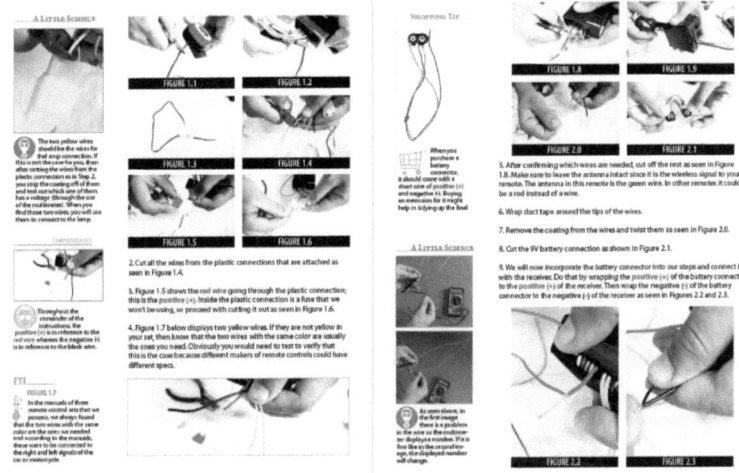

Anhang 3
Inspire Ausgabe 8. https://azelin.files.wordpress.com/2012/05/inspire-magazine-8.pdf.
vom o.J.